自由時間サプリ

Interests for well-being

誰でも簡単！ 世界一の4：6メソッドでハマる 美味しいコーヒー

粕谷 哲 著

技術評論社

美味しいコーヒーは誰でも淹れられる！

一杯の不味すぎるコーヒーから始まった
僕のコーヒーライフ

僕のコーヒーライフは、突然始まった。

２０１２年春。当時勤めていた会社の健康診断で1型糖尿病を発症していることが分かり、即入院した。ＩＴコンサルタントとして忙しく働いていた僕に突然、暇な日々がやってきた。病気が発覚する少し前から体調の変化があり、驚きはなかったが、今後の働き方や食生活について考え直すきっかけになった。

「大好きだったコーラが飲めなくなる（別に飲んでもいいんだが）」と思った僕は、「次に何を飲もうかな」なんて考えて、「糖尿病　飲み物」と検索してみた。すると、「コーヒーなら飲める」ということがGoogleによって示された。人生が大きく変わるサイン。

すぐに病院を抜け出して、近くのコーヒーショップに向かった。淹れ方を教えてもらい、ハンドドリップセット一式を買い揃えた。当時は「これで入院中の暇つぶしになるな」くらいの気持ちだったと思う。

病室に戻ると早速、買ってきたコーヒー豆をはかり、ハンドミルでガリガリと豆を挽き、お湯を沸かし、淹れてみた。だが……とんでもなく不味い液体が出来上がった。

教わったとおりにやったはずなのになぜ？

振り返ってみると、豆を挽くのに異常に時間がかかっていた。抽出するのも、ものすごく時間がかかった。注いだお湯が全然落ちていかなかったのだ。

しばらく考え、一つの仮説に至った。

そうか、きっと粉が細かすぎたんだ。次はもっと粗く挽いてみよう。

その時から、僕はずっと考え続けている。どうしたらもっと美味しくなるのだろう――。

すっかりコーヒーに目覚めた僕は、約1年後の2013年7月、IT企業を退職して茨城のコーヒーショップ「コーヒーファクトリー」でバリスタとして働くようになった。自家焙煎をし、コーヒー豆の販売もしている会社だ。

入社後に中米の農園を訪問させてもらい、よりコーヒーへの情熱が高まり、大会に挑戦するようになった。日本一になって、有名になって、販売しているコーヒー豆の背景や生産国の人々の努力を伝えられるようになりたかったのだ。

大会も見に行き、有名バリスタのセミナーにもたくさん参加し、ネットで海外の情報を積極的に探した。もっと上手に、誰よりも上手に淹れられるようになりたかった。

ある日、なじみのお客様に言われた言葉がある。

「てっちゃんのコーヒーは、自分が淹れるコーヒーよりも美味しい」

すごく衝撃的だった。うまく淹れることを目指して頑張ってきたはずなのに、何かが違った。これでよかったのだろうか？

思い返してみれば、プロを前に僕もそう思ったことがあった。「この人のようには淹れられない。自分にはスキルが足りない」

お客様にもそう思わせることが、僕のしたかったことなんだろうか？

コーヒー豆を売っておきながら、お客様が自宅では美味しく味わうことができなくていいんだろうか？

そこから僕は、誰でも簡単にプロのバリスタと同じような美味しいコーヒーを淹れられる方法を考えるようになった。特別な技術や器具に頼るのではなく、数字だけで説明できる淹れ方だ。

その結果、辿り着いた抽出方法が評価され、２０１５年10月、僕はJapan Brewers Cupで日本一のバリスタになった。２０１６年６月にはアイルランド・ダブリンで開催されたWorld Brewers Cupに日本代表として挑戦し、アジア人初の世界チャンピオンになることができた。

「誰でも簡単に美味しいコーヒーは淹れられる」というのが僕のテーマだ。

現に、僕はバリスタになって２年11カ月、コーヒーを飲み始めてわずか４年で世界一になれた。なぜなら、僕の淹れ方に技術は必要ないからだ。

世界大会で発表したこの淹れ方は「４：６メソッド」といい、ありがたいことに今も世界中で使われている。

というより、このメソッドを基準として、多くの人が自分なりの淹れ方を楽しんでくれているように思う。今も世界大会では、４：６メソッドに準じた淹れ方をしているバリスタも多い。

これは、僕にとって理想の状態といっていい。

僕は、自分が特別なバリスタであることを示したかったのではない。
僕はただ、この世界の誰もが、簡単に美味しいコーヒーを淹れられるようになってほしいのだ。
そうすれば、より多くの人が自分で淹れるコーヒーを楽しめるようになるし、「コーヒーが美味しい」と思う人が増えれば、僕の人生を変えてくれたコーヒーの価値はもっと高まるはずだから。

4：6メソッドは完璧ではないし、最高の淹れ方でもないが、プラットフォームにはなる方法だと思う。

僕はこの本を読んだみなさんが、僕の淹れ方や考え方を知り、自分なりにアレンジした方法でコーヒーを楽しめるようになることを心から願っている。

この世に、完璧で最高の淹れ方はない。あるのは、あなたの好きな淹れ方だけだ。

そのために必要な情報を提供できれば幸いである。

「どうしたらもっと美味しくなるのだろう」

このシンプルな問いは、今も僕を突き動かしている。

CONTENTS

Chapter 3　好みの豆の見つけ方

Chapter 4
4：6メソッドをアレンジして好みの味に近づけよう

Chapter 5 もっとコーヒーを楽しもう

Chapter 1

世界一の4：6メソッド

誰でも簡単に美味しく淹れられる 世界一の4：6メソッド

誰でも簡単に、美味しいコーヒーを淹れられる方法があれば――。そういう思いで僕が考案したコーヒーのハンドドリップ方法が、「4：6（よんろく）メソッド」です。

コーヒーを美味しく抽出するためには、お湯をうまく注ぐテクニックが必要不可欠なのでは？　そう思う人もいるかもしれませんね。確かに、プロの世界では技術も求められます。

ただ僕は、検証や試行錯誤を繰り返した結果、注ぐお湯の量や回数、タイミングなどをきちんと数字で押さえてコントロールさえすれば、「誰でも簡単に、アベレージを超える美味しいコーヒーを淹れられる」という結論に辿り着きました。4：6メソッドは、それを実現する抽出レシピです。

4：6メソッドにはいくつかポイントがありますが、最初に意識したいのは次の3点です。

1点目は、粗挽きの粉を使うこと。

2点目は、コーヒーの粉量、お湯の量、注ぐタイミングをきちんとはかること。

3点目は、使うお湯の量を40％と60％に分けて考えること。40％で味、60％で濃度を調整します。

お湯は5回に分けて、粉量の3倍ずつ注ぎます。

注ぐタイミングは、スタート時（0秒）、45秒、1分30秒、2分10秒、2分40秒です。3分30秒たったら、ドリッパーを外して完成。

この方法の特徴は、再現性が非常に高いことです。「昨日は美味しかったのに、今日はイマイチ」ではなく、毎回ストライクゾーンのコーヒーに仕上げられます。また多くの種類のコーヒーに適用できる方法なので、ぜひ挑戦してみてください！

4:6メソッドのポイント

1. 粗挽きの粉を使う
2. コーヒーの粉量、お湯の量、注ぐタイミングをきちんとはかる
3. 使うお湯の量を40%と60%に分け、40%で味を、60%で濃度を調整する

➡ 誰でも簡単に美味しいコーヒーを淹れられる!

4:6メソッドの基本レシピ

粉量:20g　湯量:300g　粗挽き

時間	投数	注ぐお湯の量	総量 (スケールが示す量)	
Start	1投目	60g	60g	4
0:45	2投目	60g	120g	
1:30	3投目	60g	180g	6
2:10	4投目	60g	240g	
2:40	5投目	60g	300g	
3:30	Finish	ドリッパーを外す		

世界一の4：6メソッド

僕が４：６メソッドに辿り着いたのは、２０１６年の６月、World Brewers Cup（ＷＢｒＣ）の1カ月前のことです。

前年の２０１５年10月、日本大会（Japan Brewers Cup、ＪＢｒＣ）に出場しました。ＪＢｒＣでは、ハンドドリップではなく、エアロプレス（P52参照）という抽出器具を使いました。

ほとんどの人はハンドドリップを選びますが、どうして僕がエアロプレスにしたのか。この8カ月前に開かれたエアロプレスの日本大会で優勝しており、得意で好きな抽出方法だということもありますが、僕はエアロプレスは「誰でも簡単に、再現性高く美味しく淹れられる方法」だと評価しているからです。

Brewers Cupでは国内大会、世界大会のどちらでも、大会側が用意する豆と、各自が用意するものの2種類を抽出します。前者は誰が淹れたか分からない状態で味だけを評価しますが、後者では、抽出しながら目の前にいる審査員に「どうしてこのコーヒーを選んだのか」「どのような味を目指し、どのように抽出レシピを決めたのか」などをプレゼンテーションしなければなりません。

優勝するためには、もちろん味は大切ですが、出場者の抽出技術はみな非常に高いため、プレゼンも勝敗を分けるポイントになってくるのです。

僕はＪＢｒＣで、エアロプレスが「特別な技術がなくても美味しいコーヒーを淹れられる」ことを伝えました。このプレゼンもあり、日本一になれました。

各国の優勝者が集まる世界大会に臨むにあたり、僕は「誰でも簡単に淹れられる抽出」をより突き詰めることにしました。

当時は、世界でも、日本でも「バリスタはテクニックが大事」と言われていた時代。また日本人は優勝はおろか、決勝に進んだ人もいない状況でした。

Japan Brewers Cup
での1コマ

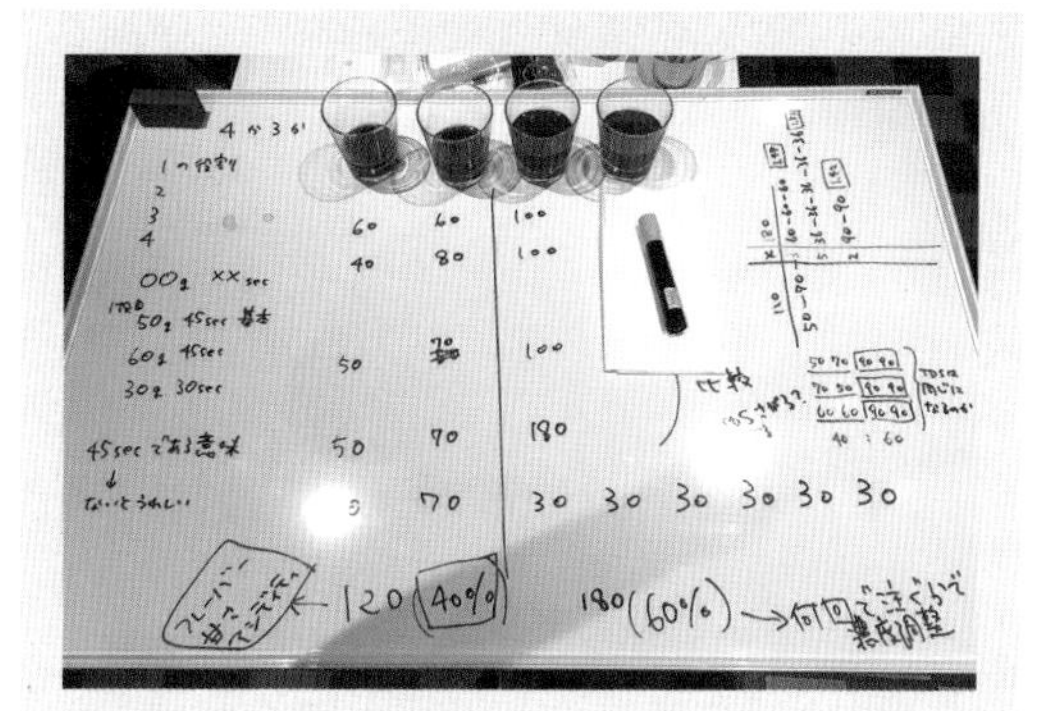

4：6メソッドに辿り着くまでには、何投にするのが適切か、1投ごとの湯量は何gがいいのか、検証を繰り返した。

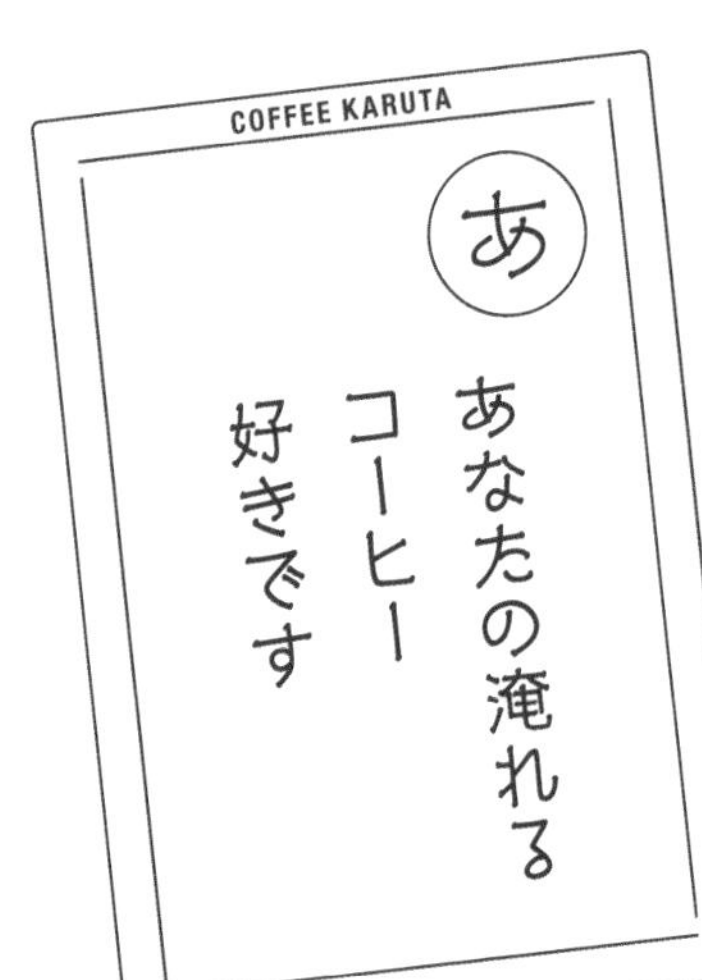

コーヒーかるた

カフェで「美味しい！」以外の言葉を使いたくなったら、こちらをどうぞ。僕が友人たちとお酒を飲みながらつくったものです（笑）。これでバリスタと話が弾むはず？

世界一の4：6メソッド

なぜ僕が、「特別な技術や道具がなくても淹れられる方法」を伝えるプレゼンにこだわったのか。それは、大会を見てくれた人にとっても意味があるものにしたかったからです。

僕自身、バリスタになって色々な大会を見に行くようになりました。そこで活躍する人たちは本当にスゴいと思ったけど、僕は自分とは別世界の人だと感じました。そのため、「大会を見た人がすぐに真似できて、美味しく淹れられるような方法をプレゼンしたい」と思いました。

加えて、世界一を目指していたので、「決勝を目指す無難なプレゼン」ではなく、「予選敗退するかもしれないけど、優勝できる可能性もあるプレゼン」を狙って勝負に出たのです。

この結果、僕は日本人、アジア人で初めてWBrCで優勝。ITコンサルタントからバリスタに転身し、わずか2年11カ月での出来事でした。

世界チャンピオンになって6年以上たちました。この間、4：6メソッドはずっと進化し続けています。

僕自身、豆によってアレンジしたり、4：6メソッドをベースにした新たなレシピを考えたりしています（詳しくは4章で紹介）。

またありがたいことに、一般の方もプロのバリスタもこの方法を使ってくれ、日本だけではなく海外でも採用されています。中には、オリジナルの抽出方法にアレンジしてくれている人も。いわば、「プラットフォーム」になっているハンドドリップ方法だと思っています。

4：6メソッドは、簡単に美味しいコーヒーを抽出できるだけではなく、豆の状態や自分の好みによって自由に調整できることも魅力といえるでしょう。

この章では、まずは基本の淹れ方を紹介します。一気にプロの味に近づけますよ！

World Brewers Cup
での1コマ

02

まず揃えたい 7つのアイテム

おうちドリップを始める時に、まず揃えてほしいものは7つ。①ドリッパー ②ペーパーフィルター ③コーヒー豆 ④ドリップケトル ⑤コーヒーミル（グラインダー）⑥サーバー ⑦スケールです。

ドリッパーは色々な形状があり、それによって味わいは変わりますが、僕のオススメはHARIOのV60。フィルターは、ドリッパーに合わせて選んでください。

もちろん、コーヒー豆も。いくつか揃えて、その日の気分によって飲み比べるのも、おうちドリップの魅力ではないでしょうか。

❶ドリッパー
様々な形状、素材のものがある。僕はHARIOのV60を愛用している。

❷ペーパーフィルター
ドリッパーの形状に合わせて選ぼう。漂白タイプがオススメ。

❸コーヒー豆
焙煎度合いなどによって、風味や味わいが異なる。色々試してみて。

❹ドリップケトル
注ぎ口が細く、お湯の太さや量をコントロールできるものを選びたい。

❺コーヒーミル（グラインダー）
コーヒーの味わいを左右するので、最もお金をかけたいアイテム。

❻サーバー
ドリッパーの下にセットする。コーヒーの濃度を均一にするには、あると便利。

❼スケール
時間、重さを計測できる。4：6メソッドをマスターするためには、ぜひ揃えたい。

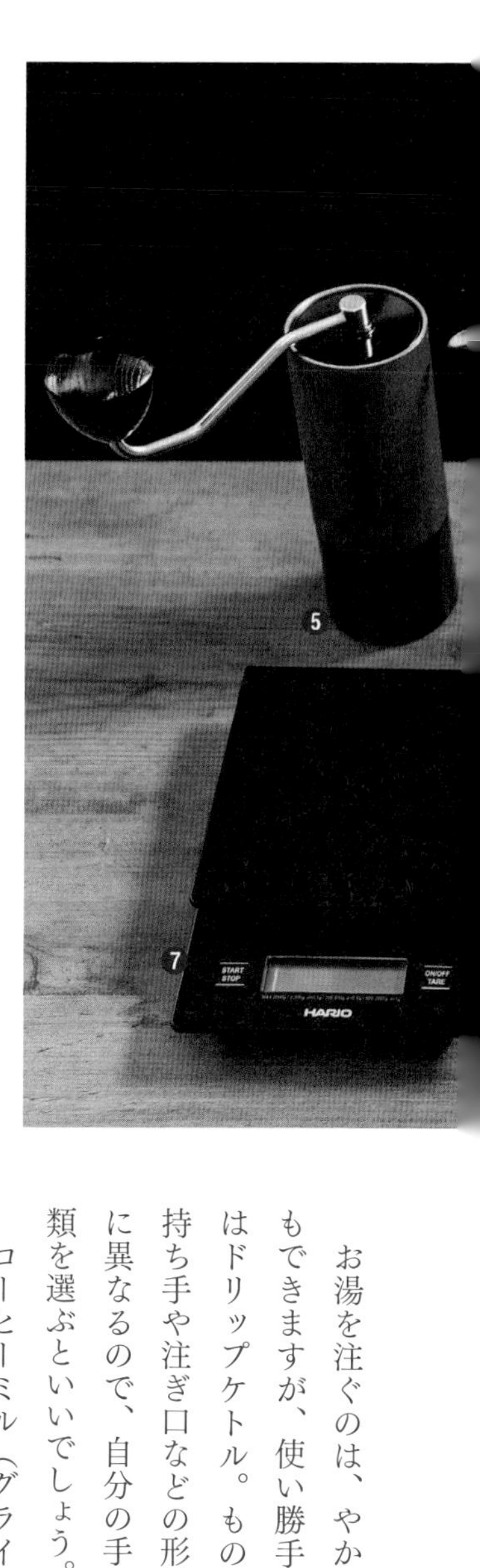

お湯を注ぐのは、やかんなどでもできますが、使い勝手がいいのはドリップケトル。ものによって持ち手や注ぎ口などの形状が微妙に異なるので、自分の手に合う種類を選ぶといいでしょう。

コーヒーミル（グラインダー）も重要。刃の形状や素材によって価格帯は幅広いですが、高品質のものだと格段に味が良くなるので、こだわってほしいです。妥協して買うのであれば、お店で挽いてもらった方がいいかもしれません。

ドリッパーの下にセットするサーバーもあると便利。

最後はスケール。時間と重さを同時に計測できるので、4：6メソッドをマスターするためには最初から使うのが上達への近道です。

03

4：6メソッドレシピ

ここから12ページにわたり、4：6メソッドの抽出レシピを紹介していきます。「ハンドドリップをしたことがない」という人にも分かりやすいよう、ちょっと細かいですが、20工程に分けてみました。

それぞれの工程にポイントがあるので、ハンドドリップに慣れた人も一度見直してみると、気付きがあるのでは。

ただ、まず押さえたいのは、コーヒーの粉量、お湯の量、お湯を注ぐタイミングをきちんとはかること。それさえ守れば、細かいことは気にしなくてもOKです！

1 お湯を沸かす

2 豆をはかる

3 豆を挽く

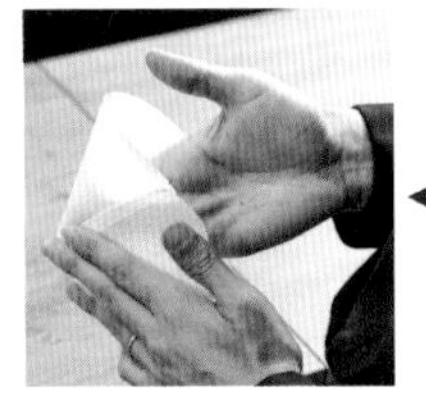

4 フィルターを折る

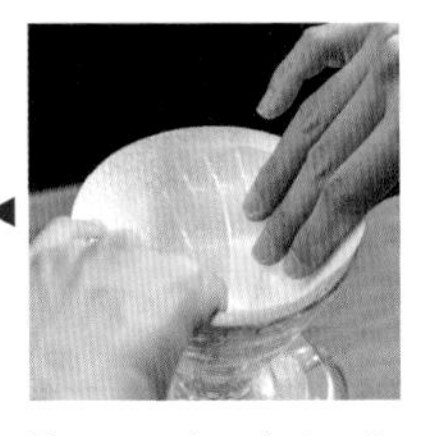

5 フィルターをセット

6 フィルターをリンス

7 粉をセット

8 粉を平坦にならす

9 スケールスタート

10 1投目

11 蒸らし

12 2投目

4：6メソッドの基本レシピ

粉量：20g　湯量：300g　粗挽き

時間	投数	注ぐお湯の量	総量 (スケールが示す量)	
Start	1投目	60g	60g	4
0:45	2投目	60g	120g	
1:30	3投目	60g	180g	6
2:10	4投目	60g	240g	
2:40	5投目	60g	300g	
3:30	Finish	ドリッパーを外す		

13 3投目
14 4投目
15 5投目
16 ドリッパーを外す
17 サーバーを回す
18 カップを温める
19 カップに注ぐ
20 完成！

1	2	3	4	5	6	7	8	9	10	11	12	13	14	15	16	17	18	19	20
お湯を沸かす	豆をはかる	豆を挽く	フィルターを折る	フィルターをセット	フィルターをリンス	粉をセット	粉を平坦にならす	スケールスタート	1投目	蒸らし	2投目	3投目	4投目	5投目	ドリッパーを外す	サーバーを回す	カップを温める	カップに注ぐ	完成！

1/20 お湯を沸かす

コーヒーケトルでお湯を沸かす。電気ケトルだと、湯温をキープできるので便利。もちろん、直火で沸かし、温度計でお湯の温度をはかってもOK。この時、浅煎りは約93℃、中煎りは約88℃、深煎りは約83℃がオススメ。

2/20 豆をはかる

コーヒー豆の量をはかる。4：6メソッドでは、用いるコーヒーの量：注ぐお湯の量＝1：15にする。きちんと計量してこの比率を守ることが、毎回美味しいコーヒーを淹れるためには、とても大事！ 目分量は絶対NG。

Point

- コーヒーの量はしっかりはかる
- コーヒー豆は粗めに挽く
- フィルターはきっちり折る

4/20 フィルターを折る

まずは継ぎ目部分をしっかり折り、さらにペーパーフィルター内部に手を入れて折り目を際立たせる。この工程もすごく大事で、適当に折るのはダメ。きっちり折り込むと、フィルターがドリッパーにしっかりフィットする。

3/20 豆を挽く

コーヒーの挽き目は味わいに大きく影響する。4：6メソッドは、粗めに挽くのが特徴。粒が大きいため、コーヒーの美味しい成分が抽出される一方で苦味やえぐみが出にくくなり、スッキリとして甘みもあるコーヒーに仕上げられる。

1	お湯を沸かす
2	豆をはかる
3	豆を挽く
4	フィルターを折る
5	フィルターをセット
6	フィルターをリンス
7	粉をセット
8	粉を平坦にならす
9	スケールスタート
10	1投目
11	蒸らし
12	2投目
13	3投目
14	4投目
15	5投目
16	ドリッパーを外す
17	サーバーを回す
18	カップを温める
19	カップに注ぐ
20	完成！

5/20 フィルターをセット

ペーパーフィルターをドリッパーにセットする。何となく置くと、フィルターがドリッパーから浮いて、空気の層ができてしまう。そうなると味がブレる原因になりかねないので、しっかり密着させるように。

6/20 フィルターをリンス

ペーパーフィルターにお湯をかける。フィルターをドリッパーに密着させる、ペーパー臭さを除去、ドリッパーを温める、抽出したコーヒーの美味しい成分がペーパーに吸着するのを防ぐ、といった意味合いがあり、大事な工程。

Point

- フィルターをドリッパーに密着させる
- ドリップ前に、フィルターをしっかりリンス
- 粉の面は平坦になるようにセットする

7/20 粉をセット

ドリッパーに、コーヒーの粉を少しずつ移していこう。どんなにいいコーヒーミルを使っても多少は微粉が発生し、重量が減る場合がある。僕は工程**2**で少し多めにはかり、ここで用いるコーヒーの重量を調整している。

8/20 粉を平坦にならす

ドリッパーを揺すって、粉の面を平坦にする。勢いよく動かすと、粉の面がデコボコしたり、ドリッパーの側面に粉が付着したりするので、優しく揺すろう。粉の面がデコボコしていると、お湯が均一に抜けていかなくなる。

20	19	18	17	16	15	14	13	12	11	10	9	8	7	6	5	4	3	2	1
								0:45に60g注ぐ		60g注ぐ	START								
完成!	カップに注ぐ	カップを温める	サーバーを回す	ドリッパーを外す	5投目	4投目	3投目	2投目	蒸らし	1投目	スケールスタート	粉を平坦にならす	粉をセット	フィルターをリンス	フィルターをセット	フィルターを折る	豆を挽く	豆をはかる	お湯を沸かす

9/20 スケールスタート

スタートボタンを押して、抽出を開始。時間を測定し、注湯のタイミングを守ることはとても重要だ。スマホや時計のストップウォッチなどで代用してもいいので、くれぐれも感覚に頼らないようにしよう。

10/20 1投目

注湯は5回に分けて、それぞれ全体の20%ずつ注いでいく。ここでは300gのお湯で抽出するので、それぞれ60g。1投目はゆっくり、少しずつお湯を注いでいき、粉全体に満遍なくお湯をかけることを意識しよう。

Point

- 時間をきちんと測定し、注湯タイミングを守る
- 5回に分けて毎回60gのお湯を注ぐ
- 粉にまんべんなくお湯をかける

11/20 蒸らし

コーヒーには二酸化炭素が含まれており、お湯を注ぐとプクプクと膨らんでくる。じっくり蒸らすことで、コーヒーの成分を引き出しやすくなる。しばし手をとめて待ち、際立ってくるコーヒーの香りも楽しみたい。

12/20 2投目

スタートから45秒たったら、60gのお湯を注いでいく（計120g）。1投目、2投目で60gずつ注ぎ、味を引き出すのがベーシックな方法。この割合を変えると味わいを調整できる（詳しくは4章で紹介）。

2:10に60g注ぐ
2:40に60g注ぐ
1:30に60g注ぐ

20	19	18	17	16	15	14	13	12	11	10	9	8	7	6	5	4	3	2	1
完成！	カップに注ぐ	カップを温める	サーバーを回す	ドリッパーを外す	5投目	4投目	3投目	2投目	蒸らし	1投目	スケールスタート	粉を平坦にならす	粉をセット	フィルターをリンス	フィルターをセット	フィルターを折る	豆を挽く	豆をはかる	お湯を沸かす

13/20 3投目

スタートから1分30秒たったら、60gのお湯を注いでいく（計180g）。ここからは4：6メソッドの「6」になる。3投目以降は、お湯は少し太めでやや勢いよく注いでいき、粉を攪拌すると濃度を出しやすい。

14/20 4投目

スタートから2分10秒たったら、60gのお湯を注いでいく（計240g）。3投目までは前の注湯から45秒間隔で注いできたが、えぐみや雑味を出さないよう、3投目と4投目の間隔は少し短くして、40秒にしよう。

Point

- 3投目までは45秒間隔、4投目は40秒後、5投目は30秒後
- 3投目以降は少し太いお湯をやや勢いよく注ぐといい
- お湯が落ち切った後の粉の面は平らに

15/20 5投目

スタートから2分40秒たったら、60gのお湯を注いでいく（計300g）。抽出がだいぶ進んできていて、成分を引き出しやすくなっているので、4投目と5投目の間隔はさらに10秒短くして30秒にしよう。

16/20 ドリッパーを外す

お湯を注ぎきったら少し待ち、スタートから3分30秒後にドリッパーを外す。うまく抽出できると、このタイミングでお湯はほぼ落ち切っており、ドリッパー内の粉の面は平らになる。外したドリッパーは受け皿などに移そう。

20	19	18	17	16	15	14	13	12	11	10	9	8	7	6	5	4	3	2	1
完成!	カップに注ぐ	カップを温める	サーバーを回す	ドリッパーを外す	5投目	4投目	3投目	2投目	蒸らし	1投目	スケールスタート	粉を平坦にならす	粉をセット	フィルターをリンス	フィルターをセット	フィルターを折る	豆を挽く	豆をはかる	お湯を沸かす

18/20 カップを温める

コーヒーをそのままカップに移してもいいが、淹れたてのコーヒーの温度が下がってしまうのはもったいない。早く飲みたいかもしれないけど、ちょっとだけ我慢。ケトルに残ったお湯をカップに注ぎ、カップを温めよう。

17/20 サーバーを回す

抽出したコーヒー液は、サーバーの上部と下部では成分や濃度が微妙に異なる。サーバーからすぐに抽出液をカップに移すのではなく、その前にサーバーをくるくる回して撹拌し、味わいや濃度を均一にしたい。

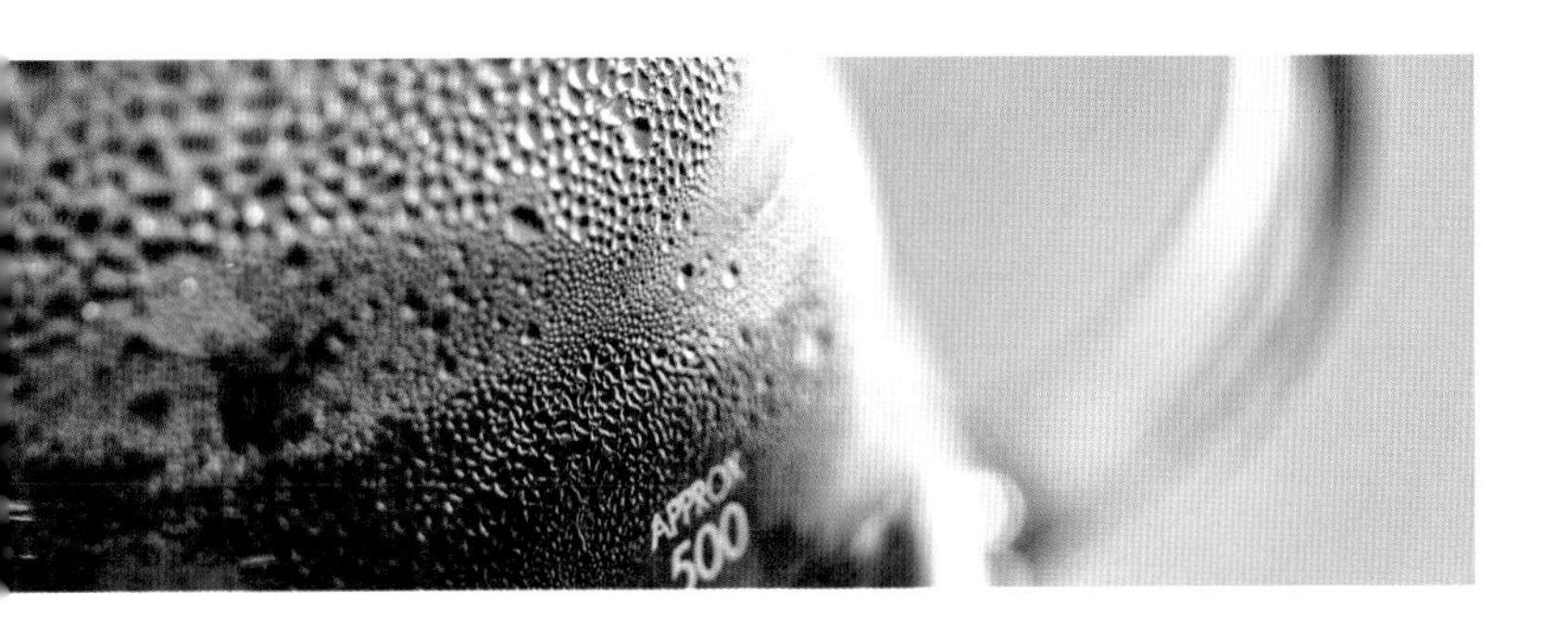

19/20 カップに注ぐ

カップが温まったらお湯は捨て、アツアツのコーヒーを移していく。お気に入りのカップで飲めば、より美味しく感じられるはず。カップの素材や形状によって風味や口あたりが変わるので、気分によって飲み比べるのもオススメ。

20/20 完成！

お疲れ様でした、これで出来上がり！コーヒーは温かい時と冷めた時で感じられる風味や味わいが変わってくるので、時間をかけて飲むのがオススメ。美味しく、素敵なコーヒータイムをゆっくり楽しんでください！

04

ハンドドリップの4つのポイント

コーヒーをハンドドリップする際は、ちょっとした点を意識するだけでさらに美味しくなります。ここでは簡単なポイントをご紹介！

まずは湯温。コーヒー豆は、生の豆を焙煎したものです（焙煎についてはP84〜）。焙煎度合いは、比較的明るい色で焙煎を止めた「浅煎り」、しっかりと火を入れた「深煎り」、その中間の「中煎り」に区分されるのが一般的です。

焙煎度合いによって味わいも、成分の引き出しやすさの度合いである「抽出効率」も変わるため、湯温を調整するといいでしょう。

1 焙煎度合いによってお湯の温度を調整する

浅煎り 93℃前後

浅煎りは比較的組織が硬いため、抽出効率が低い。美味しい成分を十分に引き出すためには、湯温をやや高めにして抽出力を上げたい。

中煎り 88℃前後

浅煎りと深煎りの中間の88℃前後がいい。ただ、ものによって浅煎りに近いケースや深煎りに近いことも。その場合は適宜、調整しよう。

深煎り 83℃前後

深煎りは組織がやわらかいため抽出効率が高く、湯温が高いと雑味やえぐみも出てしまう。少し下げて83℃前後にするのがオススメ。

② 蒸らしの時に あまり膨らまなくてもOK

蒸らし

ここで使っているのは中煎りのコーヒー。泡の具合はこのくらいでOK。

1投目

お湯を注ぐと、すぐに蒸らしが始まる。膨らみ具合より、粉全体にお湯をかけることを意識したい。

香りもチェック

抽出がうまくいっているかどうかを確認するには、香りをかいで、状況をチェックするのもオススメ。

2投目

1投目や蒸らしの時に膨らむイメージがあるかもしれないが、2投目でも結構ガスが放出される。

お湯を注ぐと、プクプク、モコモコと膨らむコーヒーの粉。とても美味しそうな姿で、あまり膨らまないと「失敗したかな」と感じる人もいるかもしれないですね。

でも、そこまで膨らまなくても大丈夫。コーヒーの粉が膨らむのは、含まれる二酸化炭素が放出されるから。浅~中煎りは比較的ガスが少ないので膨らまないのです。湯温を上げると膨らみますが、過抽出になって雑味が出る場合も。

中煎りだと、この写真くらいです。ただ、劣化した豆であまり膨らまないケースもあります。膨らみを気にするよりは、お湯を注いだ後に香りをかいで、蒸らしがうまくいったかどうか確認するといいですよ。

3 ペーパーフィルターをしっかり折る

片手をフィルター内に入れる

まずは片手をフィルター内に入れる。中指が先端に届くように。

反対の手で継ぎ目を折る

内側からフィルターを押さえ、反対の手でしっかり継ぎ目を折る。

内側からも折る

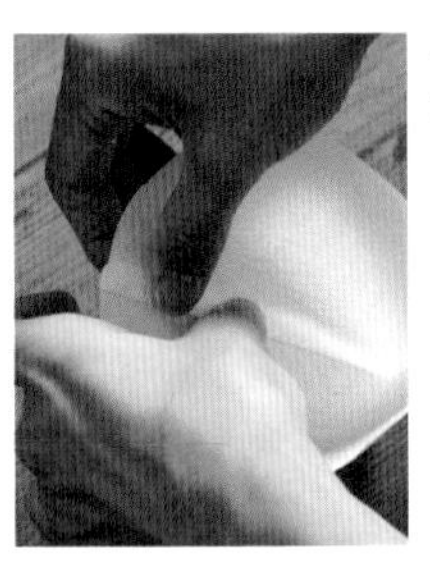

外から折ったら、折り目を際立たせるため、内側からも折り込む。

NG

適当に折る

適当に折ってしまうと、ドリッパーに密着しなくなるので避けたい。

ペーパーフィルターをドリッパーにセットする時、どんなことを意識していますか？

「……え？」って思った人もいるかもしれませんね。適当にフィルターを折って、何となくセットしている人、意外に多いのではないでしょうか。でもこの工程、実は超大事です！

　というのも、ドリッパーはフィルターをしっかり密着させてドリップする時に味を引き出せるよう、設計されているのです。密着していないとドリッパーとフィルターの間に空気の層ができ、味がブレる原因になってしまいます。

　フィルターセットのポイントは

ペーパーフィルターを ドリッパーに密着させ、リンスする

両手でしっかり密着させる

フィルターを両手で押し込み、ドリッパーにしっかり密着させる。

フィルターを押さえてリンス開始

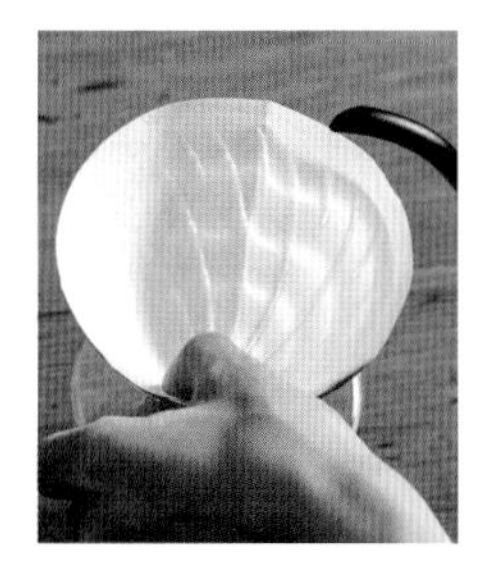

お湯をフィルターにかける。この際、あいている方の手でフィルターを押さえよう。

フィルターがドリッパーにフィット

しっかり折り、丁寧にお湯をかけるとフィルターはドリッパーにフィットする。

NG

ドリッパーにフィットしていない

ドリッパーに密着していないと、抽出がうまくいかない場合も。

2点。まずはフィルターをしっかり折ること。片手をフィルター内に入れ、もう片方の手でしっかり折るといいですよ。最初に外側から、さらに内側からも折ると、折り目をしっかり固定できます。

次はドリップ前のリンス。フィルターを押さえながら、丁寧にお湯をかけていくと、フィルターをドリッパーにフィットさせられます。

リンスをしない人も見かけますが、ペーパーのにおい除去、抽出したコーヒーの美味しい成分がフィルターに吸着するのを防ぐ、という効果もあり、外せない工程です。

また、毎回同じ条件にすることも非常に重要。使うペーパーや折り方、リンスの有無などは変えないようにしましょう。

05

コーヒー豆保存のコツ

買ってすぐのコーヒーは美味しかったのに、しばらくしたら「あれ、こんな味だっけ?」と思ったことはありませんか? コーヒーは常温で売られていることが多いですが、そのまま放置していると、品質は徐々に劣化していきます。そのため、冷凍庫で保存するのがオススメです。

といっても、焙煎直後が美味しい訳ではありません。焙煎直後は二酸化炭素が多く含まれているので、一定期間寝かせてある程度、ガスを放出させた方が美味しくなります。この期間を「エイジング」といいます。飲み頃は焙煎後1~3週間頃。この期間を過ぎたら冷凍庫に保存すると、いい状態を数カ月キープできます。

焙煎後1週間程度までは香りは強いものの、成分を引き出しにくく、味がぼやけてしまいます。ただ抽出時にすごく膨らむので、淹れる楽しみはあるでしょう。

焙煎後1~3週間は、豆の個性や特徴が最も際立ち、一番美味しい期間。3週間以上たつと、香りも風味も弱くなっていきます。

ただ飲み頃は、豆や売られている状態によっても変わってきます。

飲み頃のイメージ図

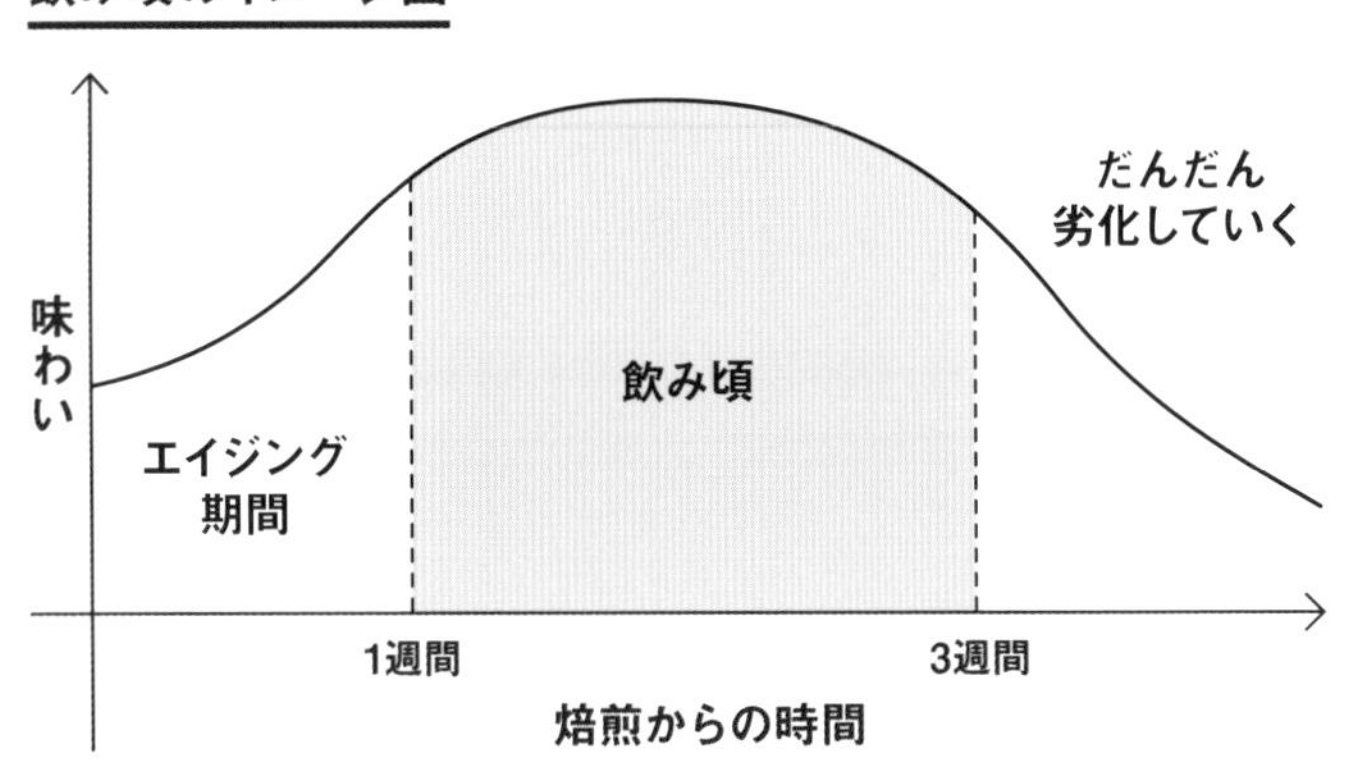

日を置いて飲み比べてみると、一番美味しいタイミングを見つけられるはず。たとえば、焙煎1週間後、2週間後、3週間後、4週間後と飲み比べてみるといいでしょう。購入直後に「イマイチ」と思っても、「実はメチャメチャ美味しい！」ということもあるかもしれないですよ。

ただし粉の場合、豆よりもエイジング期間は短くて大丈夫ですし、劣化のスピードも早まるため、すぐに冷凍庫に移してください。

またコーヒーは、空気に触れると酸化して劣化するので、豆が入っている袋から空気を抜いてしっかり閉めるように。光にも弱いので、直射日光や蛍光灯になるべくあたらないようにしましょう。

オススメは冷凍庫保存

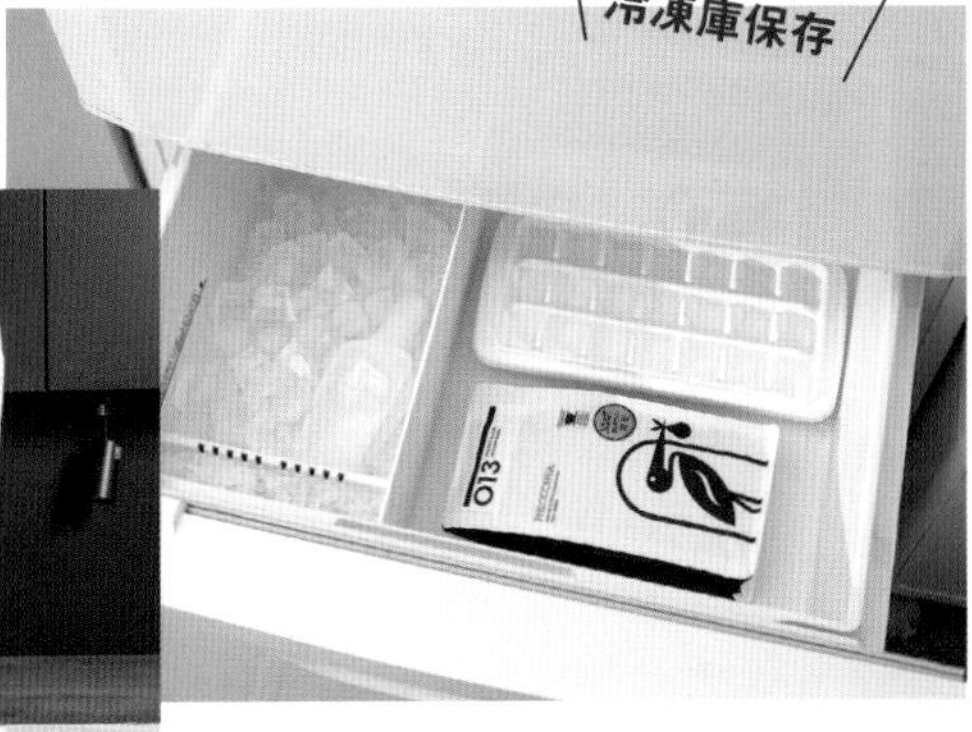

香りをかいでコーヒーの状態を確認しよう

COFFEE KARUTA
う
ウソみたい！

COFFEE KARUTA
え
え！これ、珈琲ですか？

COFFEE KARUTA
お
おだやかな口あたり

Column 1

僕を成長させてくれたコーヒーの大会

僕が4：6メソッドを発表し、優勝したWorld Brewers Cup（WBrC）は、2011年にスタートしました。各国の優勝者が集まり、主に抽出技術やアイデアを競います。抽出器具は、ハンドドリップ、エアロプレス、サイフォンなど自由ですが、ほとんどの選手はハンドドリップを選んでいます。なお、エスプレッソのように動力を使うものは認められていません。

日本予選のJapan Brewers Cup（JBrC）は、2014年に始まりました。実は僕、JBrCには初回から出ています。

コーヒーの大会にはこのほか、エスプレッソやミルクビバレッジの技術などを競う「World Barista Championship（WBC）」、カフェラテやカプチーノの技術や芸術性を競う「World Latte Art Championship（WLAC）」などもあります。

バリスタになりたての頃から僕は、これらの日本大会も含めて様々な大会に出てきました。大会は僕にとって、成長させてくれる場所であり、モチベーションを保つ手段でした。だから、出場機会があれば積極的にチャレンジしていたのです。ただ、1年半くらいは1勝もできませんでした。JBrCも最初の2回は散々な結果でした。

初めて1回戦を突破できたのは、2015年2月の「Japan AeroPress Championship」。勢いに乗り、優勝することができました。続いて、3度目の正直でJBrCで優勝。そして、WBrCで世界チャンピオンになることができました。

勝てるようになったのは経験を積んだからというのもありますが、写経を始め、自分を俯瞰して見られるようになったというのも大きいと感じています。

優勝してからも僕は毎年、WBrCに行っています。国内外の出場選手のコーチをしているからで、中には優勝したバリスタもいます。ただ優勝者に限らず、大会に出場するバリスタたちはみんな技術もコーヒーへの思いも素晴らしく、いつも刺激をもらっています。

控え室は歴代チャンピオンが集まり、さながら同窓会。最先端の情報交換をしたり、希少な豆を交換しあったり。今も毎回、本当に楽しみにしている場所です。

HARIO
MCA-3
HTF-2
MADE IN JAPAN
HARIO
MCA-3

Chapter 2

僕が愛用・オススメするコーヒー器具

コーヒーの抽出方法は多彩

「コーヒーを抽出する」というのは、コーヒーの粉に含まれている成分をお湯に溶出させる作業、シンプルにいえばそういうことです。ただ、使う器具の種類によって、またどのような方法で成分を引き出すかによって、味わいも風味も変わる、非常に奥深いものでもあります。だからこそ、多くの人がハマるのでしょう。

自宅ではハンドドリップが主流ですが、それ以外にも抽出方法は数多くあります。一般的にはまず、「透過法」と「浸漬法」の2種類に大別されます。透過法はコーヒーの粉にお湯をかけて成分を引き出す方法で、浸漬法はコーヒーの粉をお湯に浸して成分を引き出す方法です。

透過法の代表は、何といってもハンドドリップ。比較的、抽出力が強く、成分を引き出しやすいのが特徴です。そのため、抽出の仕方によって味わいを自由に変えられますし、技術によって味に差が出やすいともいえます。近年は新たなドリッパーの開発が相次いでおり、これまでの常識を覆すような抽出レシピも生まれています。僕も驚かされることがたびたびありますよ。

浸漬法にはエアロプレス、フレンチプレスやサイフォンが挙げられます。お湯に溶け出るコーヒーの成分量には上限があるため、透過法に比べて抽出力は弱く、誰でも比較的安定して美味しく淹れられます。それは、抽出の自由度が低いともいえます。とはいえ、長く漬けすぎるとえぐみや雑味も出てくるので要注意。

コーヒー豆やその日の気分によって、色々な器具を使い分けるのも楽しいですし、お店に行って飲み比べるのもオススメですよ。

透過法

コーヒーの粉にお湯をかけて成分を引き出す。代表的な方法は、ハンドドリップ。抽出力が強く、成分を引き出しやすい。抽出の仕方によって味わいを変えられる一方で、技術によって味に差が出てしまう。

浸漬法

コーヒーの粉をお湯に浸して成分を引き出す。代表的な方法は、フレンチプレス。抽出力は弱く、一定濃度になると成分の溶出はほぼ止まるため、初心者が淹れても比較的味を安定させやすい。

02

ドリッパー

家庭でもお店でも定番

ひとくちに「ドリッパー」といっても、その形状は様々。お湯が抜ける穴のサイズやつくりも幅広いタイプがあり、それによって味わいが変わってきます。

近年は個性的なドリッパーが次々と誕生しています。メーカーだけではなく、ショップやバリスタが開発し、コーヒーの大会や展示会で話題になることも。

本書では、僕のイチオシであるHARIOのV60のほか、スペシャルティコーヒーショップで人気のコーノ、カリタウェーブ、オリガミに加え、デンマークのバリスタが

ペーパーフィルターは、ドリッパーに合わせて選ぼう。フィットするのは、❶カリタやオリガミ ❷円錐タイプやオリガミ ❸台形タイプ ❹OREA。漂白、無漂白とあるが、オススメは漂白したもの。また、ものによってお湯が抜けるスピードが変わる。

WBrC2019に出場するために開発したApril Brewer、日本では2022年に発売されたOREA（オレア）、喫茶店や家庭でよく見かける台形タイプ2種類の計8種類のドリッパーを取り上げます。

形状による分類

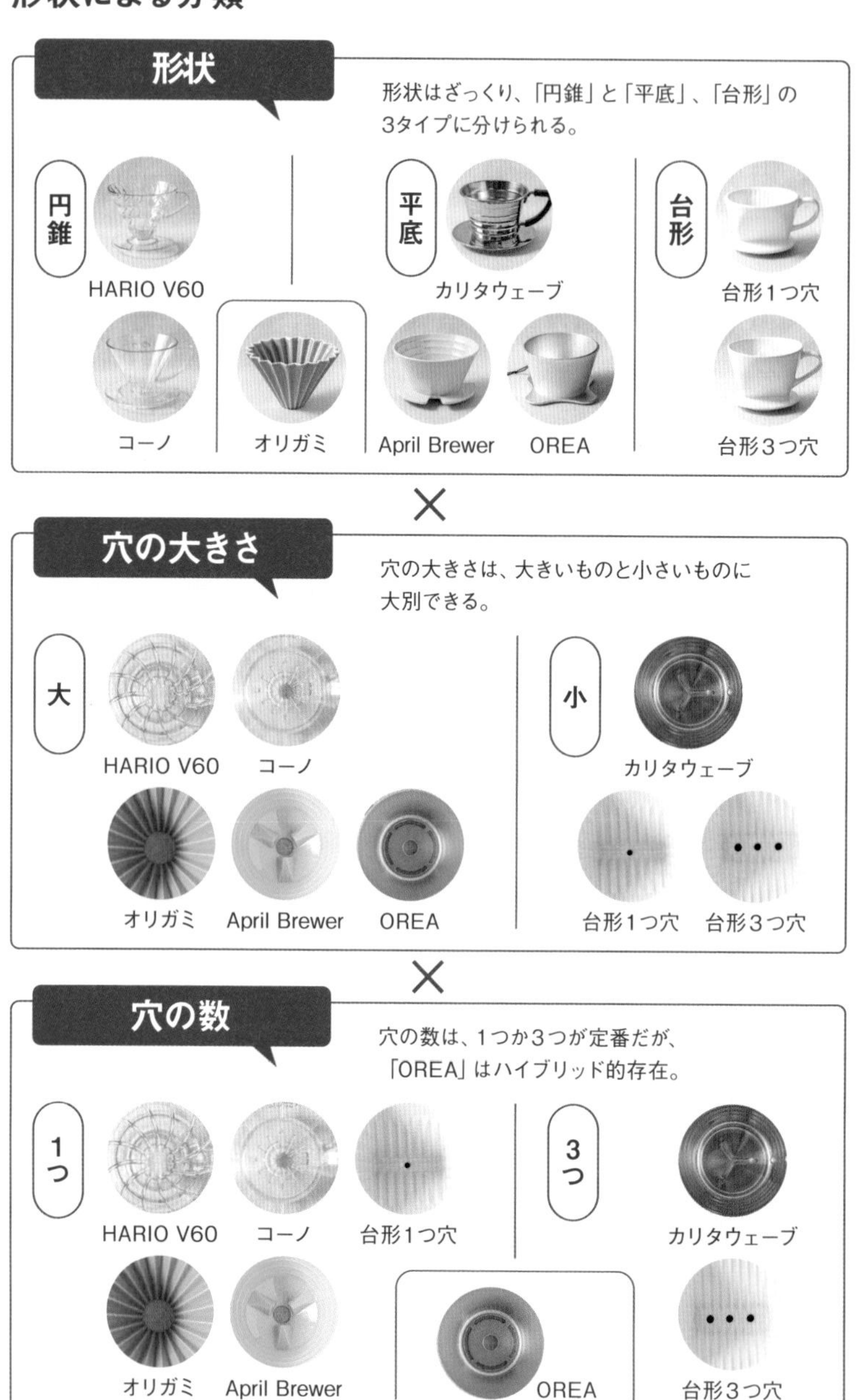
形状
形状はざっくり、「円錐」と「平底」、「台形」の3タイプに分けられる。
円錐
HARIO V60
コーノ
オリガミ
平底
カリタウェーブ
April Brewer
OREA
台形
台形1つ穴
台形3つ穴
×
穴の大きさ
穴の大きさは、大きいものと小さいものに大別できる。
大
HARIO V60
コーノ
オリガミ
April Brewer
OREA
小
カリタウェーブ
台形1つ穴
台形3つ穴
×
穴の数
穴の数は、1つか3つが定番だが、「OREA」はハイブリッド的存在。
1つ
HARIO V60
コーノ
台形1つ穴
オリガミ
April Brewer
OREA
3つ
カリタウェーブ
台形3つ穴

主なドリッパーの味わいチャート

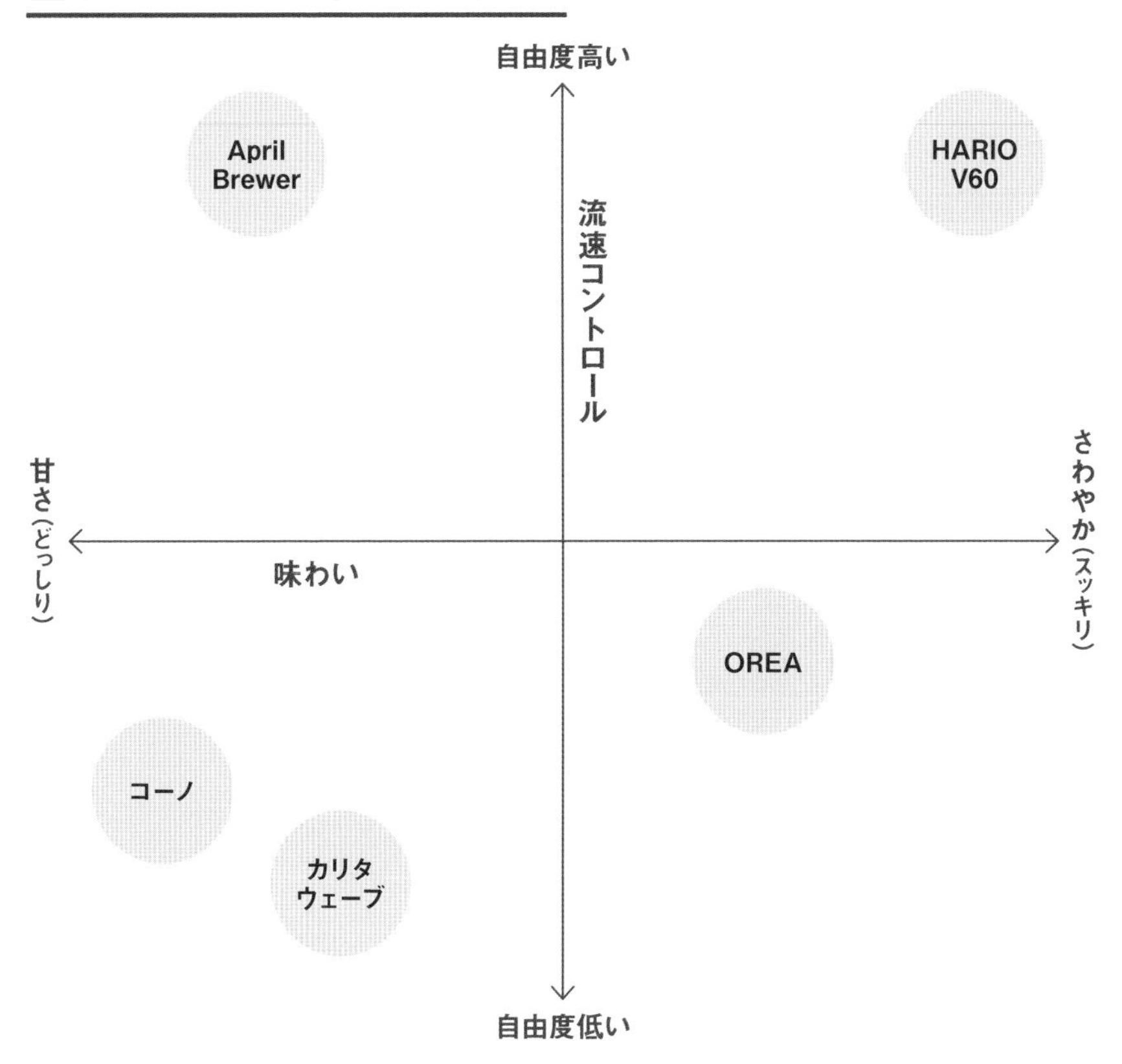

ドリッパーは、形状、穴の大きさ、穴の数に特徴があり、それによって味わいが変わります。主なものの味わいを上図に示します。

円錐や平底のタイプは、カリタウェーブ以外は大きい穴があるため、お湯の抜けが早く、スッキリしたさわやかなコーヒーに仕上げられます。また、お湯を注ぐ際の流速コントロールの自由度が高いため、味わいを調整しやすいのも特徴。風味の違いは、ドリッパー内部にある溝の「リブ」の形や長さの違いによって生まれます。

一方、カリタウェーブや台形タイプは穴が小さいためお湯の抜けが遅くなるため、均一な味わいにしやすく、どっしりとしたコーヒーになる傾向があります。

HARIO V60

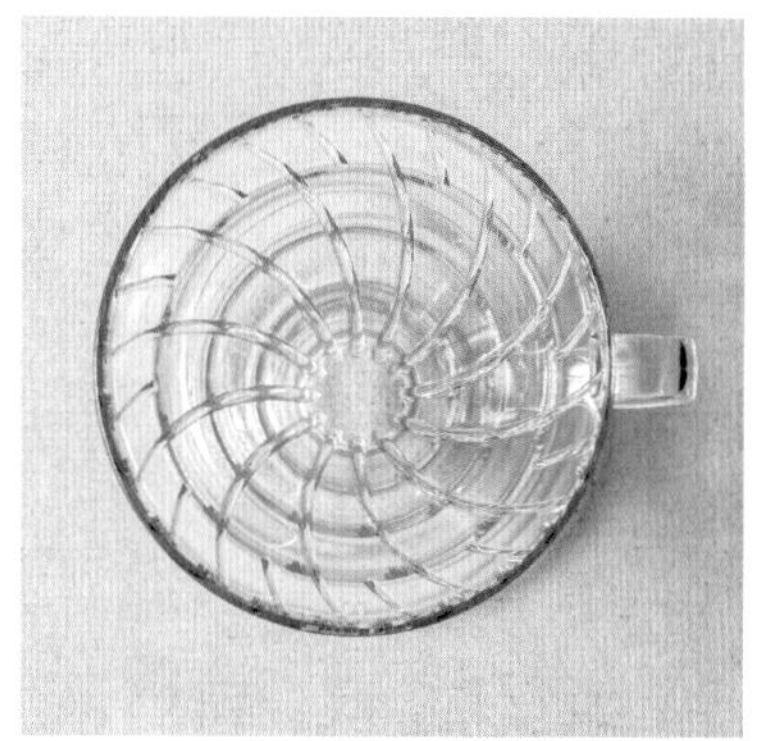

円錐型ドリッパーの代表的存在。日本のコーヒー器具・ガラスメーカー「HARIO」が発売し、世界中で使われている。僕も含め、WBrCのチャンピオンの多くも愛用。バランスよく、スッキリした味に仕上げられる。

コーノ

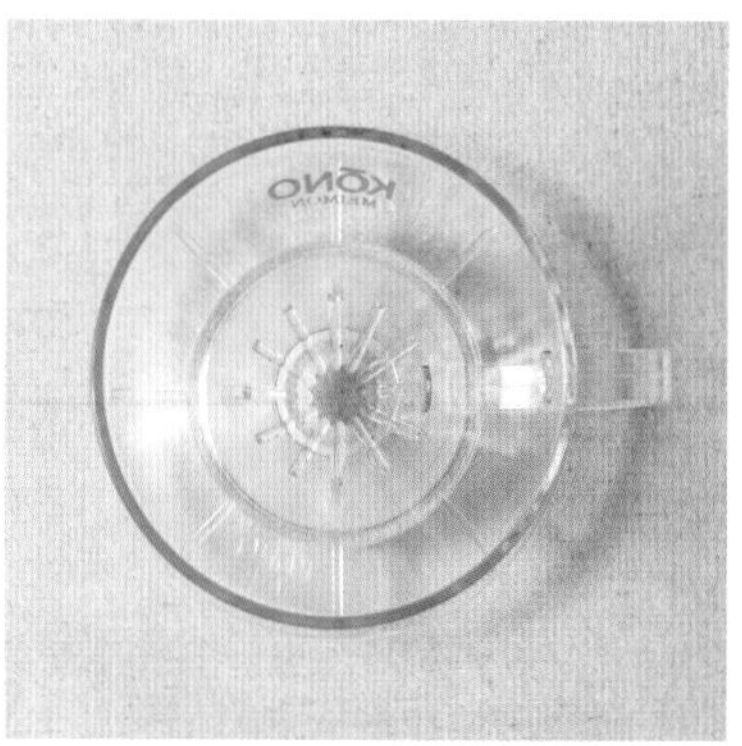

円錐型ドリッパーの先駆けで、日本の「珈琲サイフオン株式會社」が発売。円錐形で大きな穴が1つと、V60と似たつくりだが、リブが短く、直線になっている。V60に比べてお湯の抜けが遅く、よりどっしりした味わいになる。

カリタウェーブ

日本のコーヒー器具メーカー「カリタ」が発売。底が平らでお湯の抜けがゆっくりになるため、お湯と粉が接触しやすく、甘み、ボディ感をしっかり出せる。比較的、誰でも均一の味にしやすい。

オリガミ

名古屋のコーヒーショップ「トランクコーヒー」のバリスタが開発。凹凸のあるリブが、外側と一体になった独特の形状が特徴。円錐型とカリタウェーブ型の2種類のフィルターを使うことができ、味わいの調整をしやすい。

April Brewer

デンマークのバリスタが開発。平底で、やや大きめの1つ穴と底面の突起、エアポケットが特徴。従来の円錐タイプよりお湯の抜けが早いので、クリーンで甘みの強い味わいに。

OREA

イギリスのコーヒー器具メーカー「OREA」が発売。平底で5つの穴が空いている。お湯と粉が十分に接触する一方、お湯の抜けが早いので、味を組み立てやすい。

台形1つ穴

台形タイプは円錐型より、注ぎ方によらずお湯がドリッパー内にとどまる時間が長くなる。穴が小さく、1つであればなおさらで、どっしりした味わいになる。

台形3つ穴

台形1つ穴と同様、お湯と粉の接触時間が長くなるものの、1つ穴よりはお湯の抜けがやや早くなる。甘さがあり、ボディ感のある味わいになる。

03

手軽に美味しく淹れられる エアロプレス

エアロプレスは、器具内でコーヒーの粉とお湯を接触させ、圧力をかけて抽出する方法。ハンドドリップよりも短時間で抽出することができるうえ、ハンドドリップよりも技術が求められず、誰でも手軽に美味しいコーヒーを淹れられます。

自宅でエアロプレスを使っている人は少ないかもしれませんが、僕は一押し！　独立する前に働いていた「コーヒーファクトリー」でもエアロプレスを使っていたこともあり、僕自身、ＷＢｒＣに出る前はほぼエアロプレスで抽出していました。

味わいとしては、きれいな酸味を出しやすいのが特徴。特に浅煎りだと抜群に美味しくなりますよ。スッキリしたコーヒーになるので、ホットもいいですが、アイスにもピッタリです（アイスのレシピはＰ135で紹介）。

エアロプレスの一般的な抽出方法は、底面にフィルターキャップをセットしたチャンバーに粉を入れ、お湯を注ぎ、パドルでかき混ぜて蒸らした後、プランジャーをセットして上から押していく、というレシピです。

エアロプレスの特徴

- 短時間で手軽に抽出できる
- 酸味を出しやすく、浅煎りに適している
- アウトドアにもオススメ

また、チャンバーやプランジャーをひっくり返した状態で抽出を開始する「インバート方式」という淹れ方もあります。僕はこちらの方がオススメ。本書ではインバート方式で、JBrCで優勝した抽出レシピを紹介します。

エアロプレスは、アメリカのアウトドアスポーツ玩具メーカーが開発したもの。持ち運びしやすく、キャンプなどでも活躍します！

用意するもの

❶本体

エアロプレスは、チャンバー（Aの上部）、プランジャー（Aの下部）、パドル（B）、チャンバーキャップ（C）で1セット。キャップには専用のペーパーフィルターを用意しよう。

❷コーヒー

オススメは浅煎り。挽き目はハンドドリップと同様、中粗挽きに。

❸スケール

エアロプレスも、抽出時間、お湯の量をきちんと計測しよう。

❹サーバー

濃い目に淹れて薄めるため、抽出液を受けるサーバーやビーカーがあるといい。

❺ドリッパー

マストではないが、ペーパーをリンスする時にあると超便利！

＼この淹れ方でJBrC優勝！／

粕谷流 エアロプレスレシピ

粉：30g　粗挽き
お湯：約120g
湯温：80℃程度

1 粉をセットする

スケールの上に本体を置き、チャンバー内にコーヒー30gを入れる。

2 フィルターをリンス

フィルターにお湯をかける。フィルターはドリッパーの中に入れ、ドリッパーの下にカップなどを置くと作業しやすい。

5 注湯

スケールをスタート。本体を回転させながら、80℃前後のお湯を約120g注ぐ。

6 撹拌する

パドルで10～20回かき混ぜ、全体をよく撹拌する。

9 プランジャーを押す

蒸らしが終了したら、20秒かけてプレス。「シューッ」という音がしたら終了。

10 引き上げる

プランジャーを引き上げ、本体を外す。粉が吸水するため、抽出液は90g前後となる。

3 フィルターを密着させる

パドルを使って、フィルターをキャップにきちんと密着させる。

4 サーバーを温める

抽出液を入れるサーバーやビーカーにお湯を注ぎ、温めておく。少しおいたら、お湯は捨てる。

7 キャップをかぶせる

フィルターをセットしたキャップをかぶせる。

8 逆さまにする

本体をひっくり返し、サーバー（ビーカー）の上にのせる。その後、1分20秒まで蒸らす。

11 お湯で注ぐ

お湯を足し、好みの濃度にする。目安は抽出液：お湯の量＝1：1で、約90gの注湯がオススメ。

12 濃度を整える

最後に、サーバー（ビーカー）を回してコーヒー液をよく攪拌して濃度を整えたら完成！

04

オイルも丸ごと堪能できる
フレンチプレス

フレンチプレスは、良くも悪くも、その豆の持ち味全部を引き出す抽出方法だと思います。

淹れ方は、とても簡単。ざっくりいうと、コーヒーの粉をお湯に浸すだけ(といっても、多少の淹れ方のコツはありますが)。抽出の自由度が低いといえますが、その分、誰でも簡単に抽出できるのが魅力です。

味わいの特徴は、何といってもオイルも丸ごと楽しめること。ハンドドリップにせよエアロプレスにせよ、多くの抽出方法はフィルターを使います。そのため油分が吸着され、スッキリしたコーヒーになります。一方でフレンチプレスではフィルターを使わないため、コーヒーオイルを存分に楽しむことができるのです。

油分が出てくることで、口あたりは非常になめらかになり、甘さを感じやすくなります。また、丸みのある味になりますよ。

ただしイマイチなコーヒーや、劣化してしまった豆の場合、ネガティブな部分も全部抽出されてしまいます。ハンドドリップのように技術で味を整えることができないので避ける方がいいでしょう。

フレンチプレスの特徴

- ●誰でも簡単に抽出できる
- ●コーヒーそのものの味を楽しめる
- ●口あたりがなめらか

フレンチプレスの抽出レシピ

粉：16g　粗挽き
湯量：280g
湯温：96℃程度

1 1投目

16gの粉をセットし、スケールスタート。1投目は100gのお湯を注ぐ。

2 蒸らし

1投目が終わったら、30秒蒸らす。粉がプクプク膨らんでくる。

3 2投目

2投目は、スケールが280gになるまで注ぐ（注湯量は180g）。

4 蓋をする

蓋をして、スケールが4分になるまで、しばし待つ。

5 プランジャーを押す

4分たったら、蓋の真ん中についているプランジャーをゆっくり押す。

6 完成！

これで完成。オイルも含まれている独特の味わいを楽しんで！

05

濃厚な味わいを楽しめる ネル

昔ながらのこだわりの喫茶店でよく見かけるネル。スペシャルティコーヒーで使うケースはあまり多くないかもしれませんが、実は、僕はネルも大好きです。まず所作がカッコいい！　独特のプロっぽい佇まいは何ともいえず、憧れも感じます。

もちろん、味も好みです。油分が含まれ、重めのボディで質感があって、独特のトロッとした舌触り……。浅煎りでも美味しいですが、とりわけ深煎りだと、本当にめちゃくちゃ美味くなりますよ。

ネルは、布製のフィルターに粉を入れ、ゆっくり、少しずつお湯を注いでいって抽出します。布は絡み合った複雑な構造をしているので質感が生まれ、目が粗いためにオイルを含ませることもできるのです。

4：6メソッドでは、注湯の時間や量をきっちりはかるように強調していますが、僕のネルのレシピはそこまで厳密ではありません。目安の時間、注湯量はありますが、ざっくり。

ある程度適当でOKなので、感覚的に、淹れる楽しさを味わってみてください！

ネルの特徴

- 所作がカッコよく、プロっぽい
- 重い質感を出せるので深煎りにオススメ
- トロッとした独特の舌触りを楽しめる

ネルの抽出レシピ

粉：20g　中細挽き
抽出量：150g

1　粉をセット

ネルを湯通ししてから、20gの粉を入れる。

2　1投目

ネルは湯量をきっちりはからず、感覚で楽しむのがオススメ。1投目は半分の75gほどが目安。

3　2投目

少し蒸らしたら、2投目を注いでいく。左手でネルを回転させると注ぎやすい。

4　3投目

スケールが150gになるまで注ぐ。全体で2分ほどかけて注ぎたい。

ネル好きの僕は、開発もしちゃいました。

ネルの難点は、扱いがやや面倒なこと。まず、抽出後はコーヒーの粉を丁寧に洗い流さなければなりません。その後、ネル全体を水に浸けてタッパーなどで冷蔵庫に保存し、こまめに水を変える必要もあります。これが家庭はもちろん、お店でも敬遠されてしまう大きな原因でしょう。

そこで僕は、ネルで抽出したコーヒーを手軽に再現できる、ステンレス製のドリッパーをHARIOと共同開発。さらに、オーガニック素材のネルも製造し、発売しました。

ダブルステンレスドリッパー

ネルは、扱いに手間がかかる。だったら別の素材で手軽にネルの味を楽しめないか、と思って開発。ステンレスのダブルメッシュというつくりで、2021年に発売。手に持って、じっくり丁寧に淹れる、というネル独特のよさも再現した。

オーガニックネル

ダブルステンレスドリッパーをつくったものの、その後、「本格的な本気のネルをつくりたい」と開発に着手。オーガニックコットンのネルはとても珍しく、2022年に僕が経営するコーヒーショップ「フィロコフィア」で発売した。

06

実は簡単!? サイフォン

サイフォンは、フレンチプレスとエアロプレスのハイブリッド的存在。両者と同様に粉をお湯に浸けて成分を引き出し、エアロプレスのように圧力をかけて抽出します。科学の実験器具のような見た目から「ハードルが高い」と思っている人もいるかもしれませんが、実は短時間で簡単に、誰でも美味しいコーヒーを淹れられる器具だと感じています。

抽出方法は、まず下部のフラスコにお湯を入れて熱し、上部のロートにコーヒーの粉を入れます。ロートをフラスコに差し込むとお湯が上がってくるので、へらで撹拌。しばらく待って再度撹拌した後、コーヒーがフラスコに落ちれば出来上がりです。

特徴は、粉をお湯に浸けるため、豆そのものの味わいを楽しめること。高温のお湯を使うので抽出効率が高くなり、フレンチプレスより短時間で抽出できます。

ロートの下部にはフィルターを取り付けますが、フィルターを金属にするか、ネルにするかによって味わいが変化します。また、撹拌の仕方、撹拌する回数などによっても、味を調整できます。

サイフォンの特徴

- 短時間で簡単に抽出できる
- 豆そのものの味わいを楽しめる
- フィルターを変えると味わいを変化させられる

07

最もこだわって選びたい コーヒーミル

「お店で飲んだ時は美味しかったのに、家ではイマイチ」。そう思った場合、もしかしたら原因は抽出技術ではなく、コーヒーミルかもしれません。そのくらい、味に与える影響は大きいです。

第1章（P19）で少し触れましたが、コーヒーミルの価格帯は幅広く、刃の形状や素材に差があります。基本的に、価格と品質は比例すると思っていいでしょう。

イマイチなものを使っていたら、たとえいい豆を使ってもそのポテンシャルを引き出すことはできません。変にいい豆を買うより、高性能なコーヒーミルを買う方が、より美味しいコーヒーを飲めると思います。

何がそんなに違うのか。

最も大きいのは、粒の大きさが揃うことです。高性能ミルの刃は、鋼鉄製で豆をきちんと砕くことができる形状。そのため設定した粒度のものが多くなり、味を損ねる原因の微粉はあまり出ません。また角ばった形になり、美味しい成分を引き出しやすくなるのです。

しかし、刃がプラスチックやプロペラ式などの安価なものは、粒度がばらつく上に角が丸くなり、微粉も多く発生します。そのため美味しい成分を引き出しにくくなることに加えて味がブレてしまい、雑味も出るのです。

だから、絶対に妥協して買わないように。最初のうちは、お店の高性能のコーヒーミルで挽いてもらってもいいでしょう。

種類としては、手挽きと電動があります。手挽きは、多少手間がかかりますが、コンパクトで作業が楽しいのも魅力。電動は楽ですが、持ち運びできないし、手挽きより高価。自分のコーヒーライフにあわせて選ぶといいでしょう。

コーヒーミルを選ぶポイント

① 粒度分布が揃う

② 粒度調整をしやすい

③ 妥協しない

➡ いいコーヒーミルを買うことは超大事！

粒度分布のイメージ図

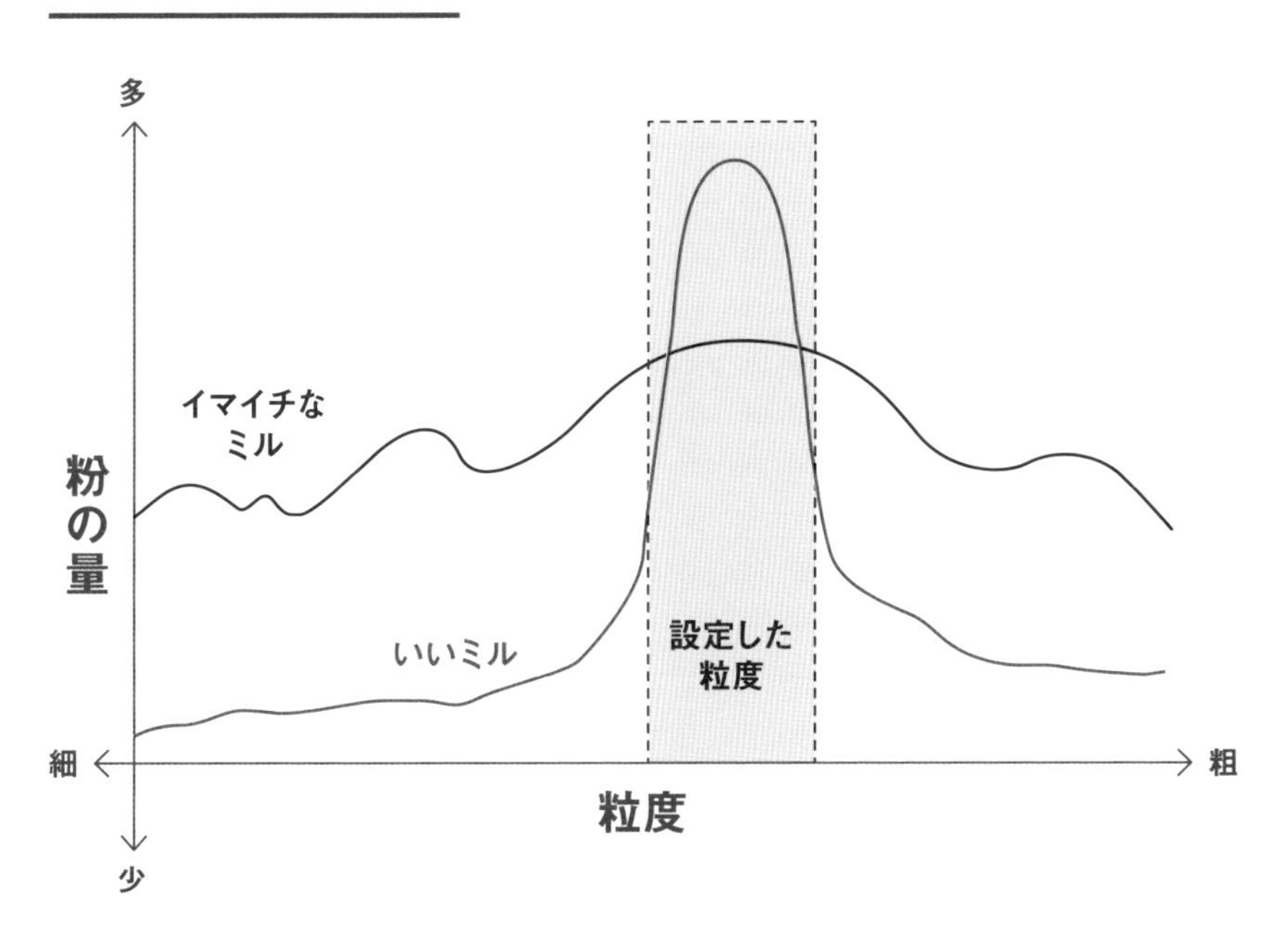

手挽きタイプ

コマンダンテ

手挽きミルで一番のオススメ。世界大会に出場するトップバリスタで使っている人も多く、僕も愛用している。刃が高性能・高品質なので、粒度を揃えやすい。ダイヤルを回せば簡単に挽き目を調整することができる。

電動タイプ

EK43

数十万円と高価だが、性能は秀逸。こだわりのコーヒーショップなどで使われている。もう少しリーズナブルなものでは、「カリタ　ネクストG」や「ウィルファ」、「LAGOM mini」もオススメ。

タイムモア

コマンダンテよりリーズナブルで、刃の形状や材質、使いやすさも申し分ない。最初に買うのにオススメ。微粉はコマンダンテより発生してしまうので、コーヒー用のふるいで除去するのも手。

08

お湯のコントロールを左右する
ドリップケトル

ハンドドリップやネルドリップは、コーヒーの粉にお湯をかけて抽出します。注湯はとても重要で、お湯の太さや注ぎ方などによって美味しくもなれば、ネガティブな成分まで引き出してしまうこともあります（詳しくは4章で紹介）。

いい成分を十分に引き出すのであれば、細いお湯を早く、勢いよく注ぐことが大事。また、お湯をコントロールできれば、品質がやや劣化した豆や、最初の方で抽出に失敗した場合でも、ある程度は味を整えることが可能です。

そのためには、注ぎ口が細く、

❶プアコントロールケトル・粕谷モデル

通常のドリップケトル（下）は、注ぎ口とハンドルの角度が約180°になっているが、急須を参考に位置関係を見直した（上）。通常のケトルは手首を前後に回して注湯するが、注ぎ口とハンドルの角度が約120°なので腕全体を使って注ぐことになる。そのため、よりお湯を繊細にコントロールできる。

❷ミニドリップケトル・粕谷モデル 500ml
❸ミニドリップケトル・粕谷モデル 300ml

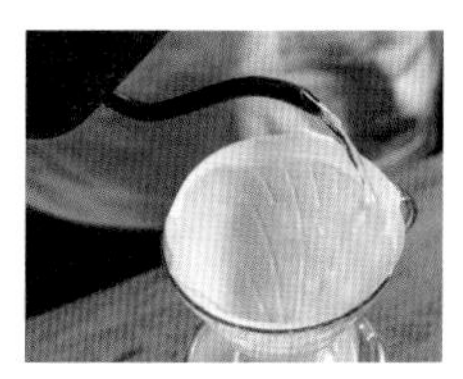

通常のドリップケトルより、注ぎ口を細く、重量を軽くした。そのため、初心者でもお湯の注ぎ方をコントロールしやすい。また、持ち手部分が手になじみやすく、一杯分のコーヒーを抽出するのに便利。沸かしたお湯をこのケトルに移すと90℃くらいになるのもポイント。

手になじむドリップケトルがオススメ。また重量もポイントです。重すぎるとコントロールしにくいので、自分が扱いやすいものを選んでください。

ドリップケトルは、お湯を注いで使うものも、直火やＩＨコンロに対応しているタイプも、電気で加熱して保温できるものもあります。コーヒーケトル、ドリップポットなどと呼ばれることもありますが、いずれも同じものです。

09

口に含んだ時の印象を変えるカップ

ガラス製のカップは飲み口が薄く、複雑さを感じやすい。フレーバーが際立つコーヒーや、スッキリ飲みたい時にオススメ。飲み口がすぼまっていると、内部に香りをとどめやすい。

お店でお酒を味わう時、ものによって異なるグラスで提供される、という経験をしたことがある人は多いと思います。特にワインの場合、赤と白で、また産地などによって形状が変わりますよね。それは、グラスによって味わいや印象が変化するからです。

コーヒーも同様です。同じコーヒー豆を使い、同じように抽出したコーヒーでも、カップによって口に含んだ時の印象が変わってきます。

影響が大きいのは、飲み口の厚さ、形状だと感じています。

このふたつは僕が開発。ともに有田焼きの職人につくってもらっている。右は飲み口が薄いため繊細な風味を感じやすくなるうえ、飲み口がすぼまっているので香りを楽しめる。左はやや厚めの飲み口が口あたりをなめらかにし、甘さを感じやすくする。ブラックはもちろん、カフェラテにもオススメ。

飲み口が薄いと、コーヒーを舌先でしっかりキャッチすることが可能に。そのため、よりコーヒーの複雑さを感じることができ、香りやフレーバーも楽しめます。飲み口が厚いと、質感を感じやすくなり、甘さや丸みも引き立ちます。ですので、薄いものは浅煎り、厚いものは深煎りがオススメ。

形状によって、コーヒーが口に入ってくるスピードが変わり、口あたりも変わってきます。

10

僕が開発したコーヒーアイテム

僕がこれまでに開発したコーヒーアイテムは計6種類あります。V60・粕谷モデル、ダブルステンレスドリッパー（P60）、オーガニッククネル（P60）、ドリップケトル（P67）、カップ（P68）、カッピングボウルとカッピングスプーン。HARIOが販売しているものもあれば、HARIOと共同開発してHARIO……僕が開発してフィロコフィアで扱っているものもあります。

設計する際に考えるのは主に3点。現状のアイテムに対する不満や思うこと、どういう味のコーヒーを飲みたいか、どうすれば使い勝

❶V60・粕谷モデル

通常のV60よりもリブが短く、お湯がゆっくり落ちるのが特徴。初心者が4：6メソッドで淹れると、挽き目が粗いため薄くなりやすいが、蒸らしを効率化してゆっくり抽出できるつくりにしたので、美味しく仕上げられる。

❷ダブルステンレスドリッパー（P60）
❸オーガニックネル（P60）
❹ドリップケトル（P67）
❺カップ（P68）

❻カッピングボウル
カッピングスプーン

カッピング（P104）をするためのグッズ。カッピングボウルは白が多いが、液体の色で味をイメージできてしまう。黒くすることで色が分からなくなり、ブラインド状態でカッピングできる。

手がよくなるか――。少し小難しく聞こえるもしれませんが、つまりは僕が「こんなものがあったらいいな」と思うものを開発しています。

　コンセプトや目標が決まると、「ではどうすればいいか」を考え、手を動かし始めます。ゴールを決めてから動き出す、というのは、4：6メソッドを考案した時も同じで、僕はいつも理想を考えることからスタートします。

COFFEE KARUTA
そ
そんなに美味しくなることあります!?

ブレンドの魅力

コーヒーショップに行ったら、シングルオリジンを頼みますか？　それともブレンドをオーダーしますか？　「コーヒー好きならやっぱ、シングルオリジンでしょ」と思う人もいるかもしれませんが、ブレンドもとても魅力的ですよ。

シングルオリジンは、１つの産地や地域や農園で栽培されたコーヒー。豆の個性を楽しめるので、もちろん僕はシングルオリジンが大好きです。

一方でブレンドは、複数の豆で構成されています。異なる豆を組み合わせることが多いですが、同じ豆の焙煎度合いを変えて混合することもあります。組み合わせによって酸味や甘みを調整でき、幅広い味わいがあるので、僕はブレンドも大のお気に入り。

フィロコフィアで扱う豆の選定や焙煎、配合などをする際、前者は「豆のポテンシャルや特徴をうまく引き出すこと」を重視し、後者は「目指す味をどうやってつくるか」を意識しています。他の店も同様でしょう。ブレンドは店の特徴が出やすいのです。

ところで僕は、ファミリーマートのコーヒーの味づくりもしています。豆の種類や配合の決定、焙煎や抽出のレシピ作成などをしており、甘みがあってスッキリしたブレンドに仕上げています。全国の多くの人に味わってもらえる可能性があるので、大変ですが、やりがいがあり、楽しいです。

ブレンドは、いま世界のトレンドです。それは、畠山大輝さんの存在も大きいでしょう。２０２１年のＷＢｒＣに日本代表として出場したバリスタです。

Ｐ14で紹介したようにBrewers Cupでは、各自が豆を用意する「オープンサービス」があります。ゲイシャなどのシングルオリジンを選ぶ人が大半の中、畠山さんはブレンドで勝負。総合結果は準優勝でしたが、オープンサービスでは最高得点で、歴代優勝者と比べても非常に高い評価を得ました。ここから一気にブレンドが注目されるようになったのです。

コーヒーの味わいのトレンドは、２０１６年前後には極端な浅煎りの酸味が人気で、17年頃から甘さもフォーカスされるようになりました。これらも、ＷＢｒＣなどの世界大会での上位入賞者がきっかけとなりました。

大会では、ドリッパーやペーパーフィルターなどの器具、品種、イノベーティブな抽出方法が披露され、注目を集めることも多いです。

01
HARIO

Chapter 3

好みの豆の見つけ方

「スペシャルティコーヒー」とは

　コーヒー豆も他の農作物と同様、品種により、また誰がどこでどのようにつくったかにより、品質は変わります。そのため、同じ1杯のコーヒーでも、価格がバラバラなのです。

　一般的に、コーヒーは4つのグレードに分けられます。

　トップは「スペシャルティコーヒー」。規格や認証はありませんが、「日本スペシャルティコーヒー協会（ＳＣＡＪ）」は「クリーンな味わい」「甘さを感じられる」など、7項目を満たすものと定義しています（Ｐ77参照）。加えて、トレーサビリティがきちんとしていることも必須。農園や生産者が明らかで、その後の扱いや流通においても徹底した品質管理が求められます。

　これに次ぐのが「プレミアムコーヒー」。生産国や地域を辿ることができ、比較的、高品質です。

　3番目は「コマーシャルコーヒー」で、最も多く流通。「コモディティコーヒー」とも呼ばれます。生産国は分かりますが、詳しい情報を辿ることはできない場合が多いです。

　「ローグレードコーヒー」はこの3つ以外で、インスタントや缶コーヒーなどに使われます。

　僕は、スペシャルティだけがいいと思っているわけではありません。もちろん重視はしていて、フィロコフィアではスペシャルティしか扱っていませんが、コンビニコーヒーやインスタントなども幅広く手がけています。

　それは、多くの人に日常的にコーヒーを楽しんでもらい、コーヒー業界を底上げしたいから。

　そこからスペシャルティに興味を持つ人が増え、裾野が広がればいいな、とも思っています。

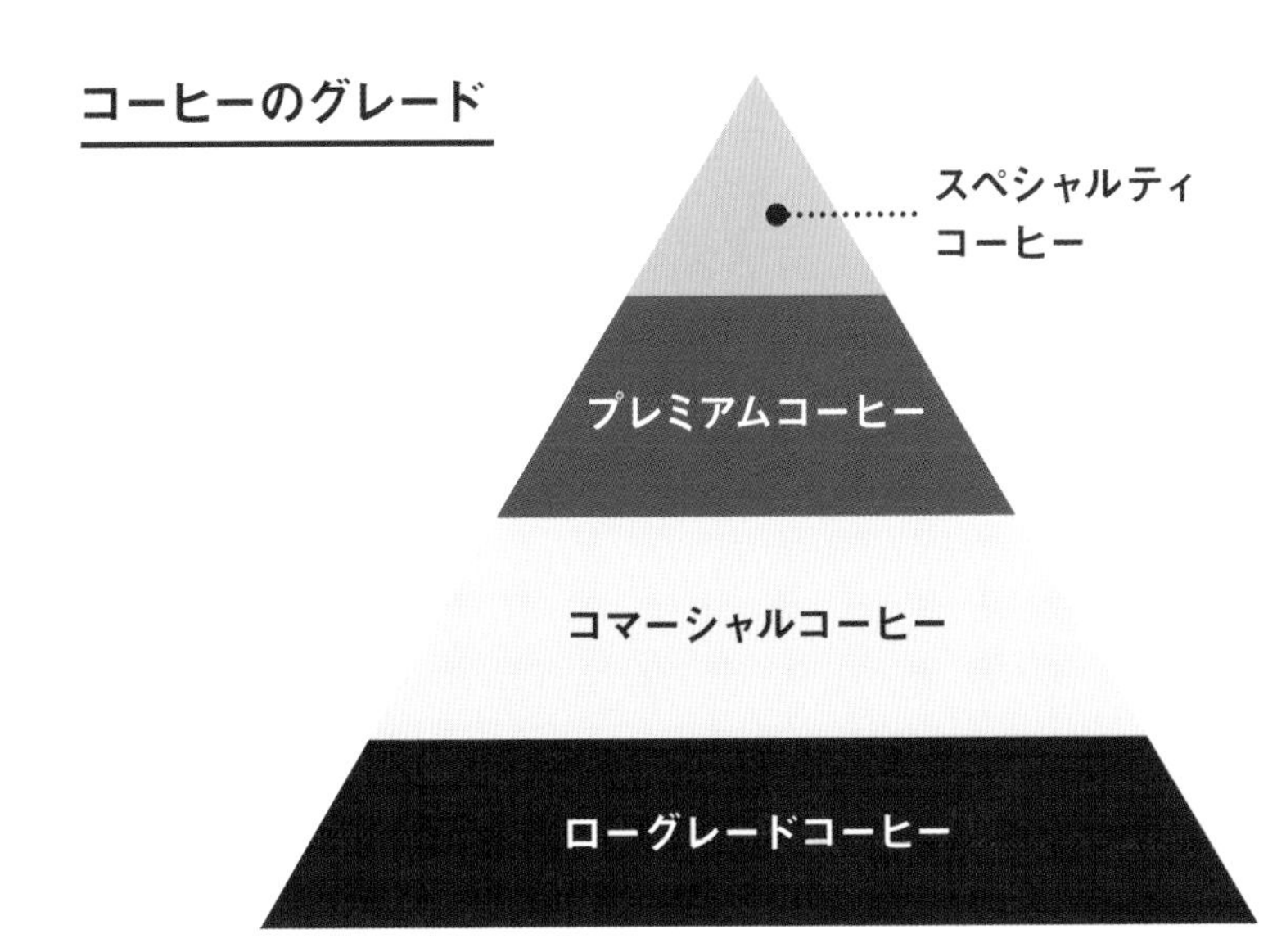

スペシャルティコーヒーとは

1. クリーンな味わい
2. 甘さを感じられる
3. 印象的で好ましい酸味がある
4. 口に含んだ質感がいい
5. 特徴的な風味がある
6. 心地いい後味
7. バランスがいい

SCAJの定義より

02

実は複雑なコーヒーの味わい

本書を手にしてくれた人はともかく、世間では、コーヒーは「黒くて苦い液体」という風に思っている人も多い気がします。でも実は、色々な香りや味を持つ、複雑味のあるものです。

風味や味わいを多角的に楽しむためには、JBrCやWBrCの評価シートを参考にするといいでしょう。風味や味わいがどう分解できるのか、トップバリスタがどう味を組み立てるのか、プロはどんなコーヒーを美味しいと評価するのかを読み取れるからです。

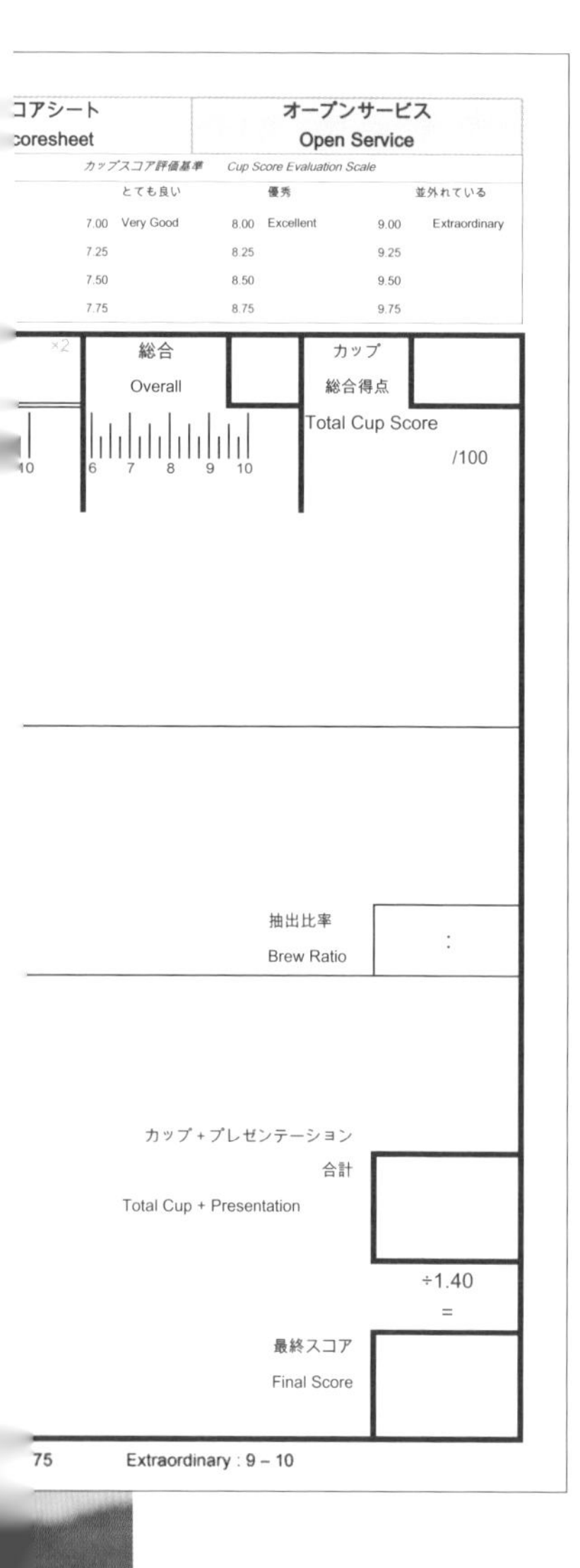

コアシート
coresheet

オープンサービス
Open Service

カップスコア評価基準 Cup Score Evaluation Scale

とても良い		優秀		並外れている	
7.00	Very Good	8.00	Excellent	9.00	Extraordinary
7.25		8.25		9.25	
7.50		8.50		9.50	
7.75		8.75		9.75	

×2

総合
Overall
6 7 8 9 10

カップ
総合得点
Total Cup Score
/100

抽出比率
Brew Ratio
:

カップ＋プレゼンテーション
合計
Total Cup + Presentation

÷1.40
=

最終スコア
Final Score

75　Extraordinary : 9 – 10

JBrC、WBrCの評価シート

Japan Brewers Cup & World Brewers Cup 2022

Date
日付

Round
ラウンド

Competitor Name
競技者氏名

Judge Name
審査員氏名

良
6.00 Ge
6.25
6.50
6.75

アロマ Aroma	風味 Flavor	後味 Aftertaste	酸味 Acidity ×2	ボディ Body ×2	均衡性 Balance
6 7 8 9 10	6 7 8 9 10	6 7 8 9 10	6 7 8 9 10	6 7 8 9 10	6 7 8

競技者の説明
Competitor description :

コーヒーと抽出の情報
Coffee and Brewing Information :

Unacceptable Acceptable Average Good Very Good Excellent Extraordinary
0 4 5 6 7 8 9 10

味の説明 ×2
Taste Description

Unacceptable Acceptable Average Good Very Good Excellent Extraordinary
0 4 5 6 7 8 9 10

顧客サービス ×2
Customer Service

プレゼンテーション
スコア合計
Total Score Presentation
/40

Unacceptable : 0　Acceptable : 4 – 4.75　Average : 5 – 5.75　Good : 6 – 6.75　Very Good : 7 – 7.75　Excellent

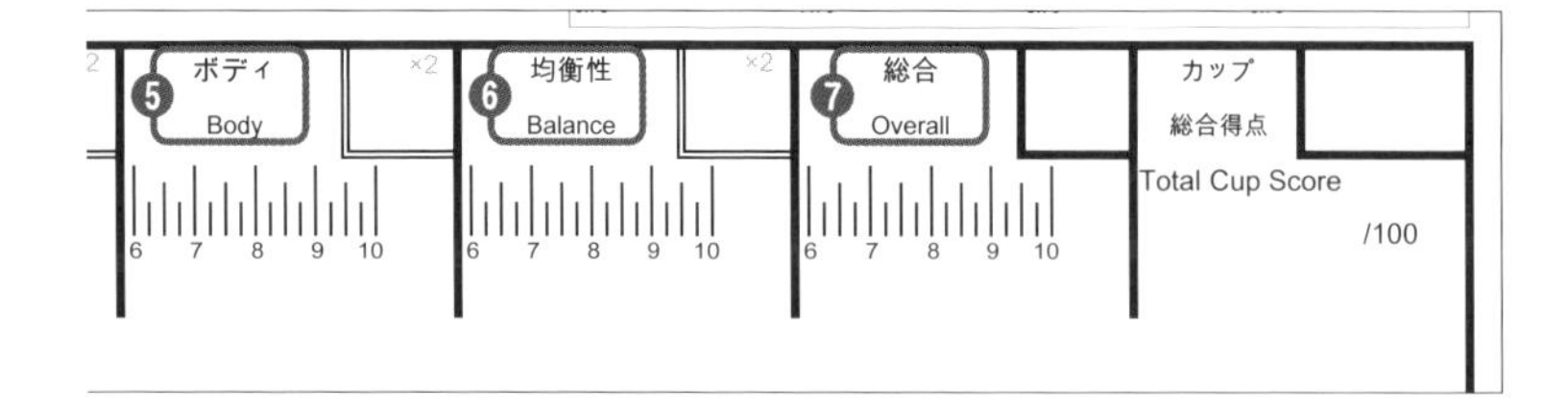

① アロマ

味わう前に知覚する、コーヒー液の香りのこと。粉にお湯をかけた時に、コーヒーの成分が気化して生まれる。抽出に成功するときちんと引き出せるが、イマイチだとのっぺりした香りになってしまう。

② 風味

酸味や苦味、甘さなどの味わいや、香り、舌触りなど、そのコーヒーに対する総合的な印象のこと。温かい時と冷めた時では感じられる風味は変わるので、時間をかけて五感全体で味わって評価したい。

③ 後味

高品質なコーヒーを使って抽出に成功すると、飲み終わった後に心地いい余韻を残す。ただし、成分を引き出し切れていないと物足りず、抽出しすぎると舌ざわりがざらつくうえに口の中にえぐみや雑味が残ってしまう。

④ 酸味

コーヒーは「コーヒーチェリー」というフルーツのタネからつくられる。高品質のコーヒーは、フルーツ由来の甘く、素晴らしい酸味が含まれている。大会では、うまく酸味を引き出せているかが重視される。

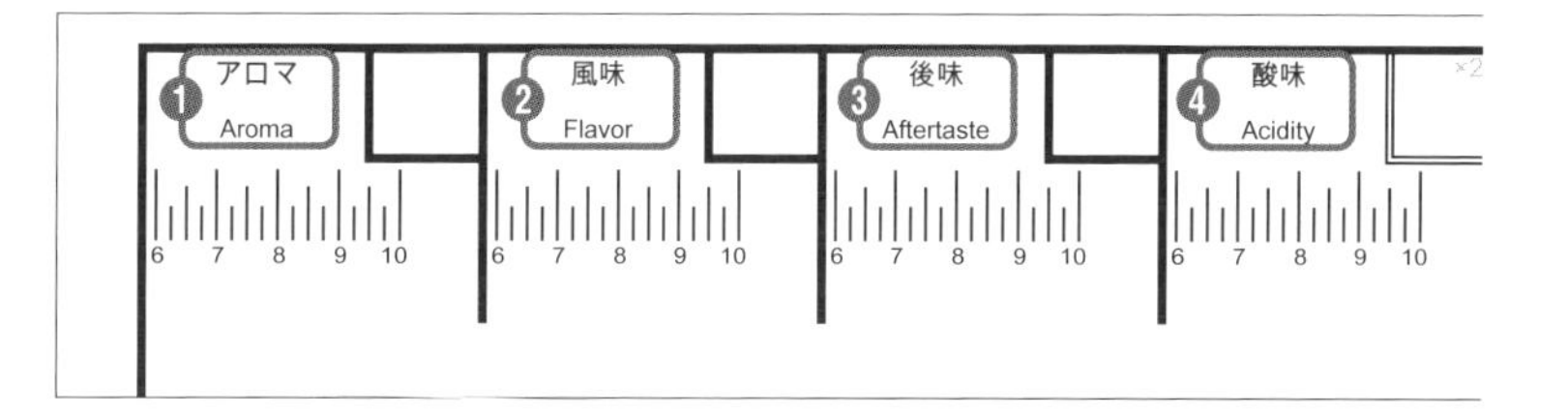

5 ボディ

口に入れた時に感じる質感のこと。「軽い」「重い」だけではなく、心地よさを感じられるかどうかが評価ポイント。豆によって特徴があるが、抽出の仕方や使う器具によってかなり変わってくる。

6 均衡性

総合的なバランスがとれているかどうか。風味、後味、酸味、ボディのそれぞれが互いに補い合い、促す状態が望ましい。いずれかが強すぎると、バランスの悪いコーヒーになってしまう。

7 総合

全体的な総合評価。大会では、審査員が一杯のコーヒーを通じて得られた体験価値に対する個人的な評価が記載される。

03

僕好みの「美味しいコーヒー」

ここまで、スペシャルティコーヒーの特徴や、JBrCやWBrCの評価シートを紹介してきました。これらは「コーヒー業界ではどのようなコーヒーが美味しいとされているのか」を知る参考になりますが、好みは人によって千差万別ですよね。だから、これらも手がかりに、自分が好きな味を求めていけばいいと思います。

4：6メソッドは、僕が「美味しい」と思い、かつ目指している味がベースになっているレシピです。ですので参考までに、僕好みのコーヒーがどんなものか、紹介しましょう。

まずは、スッキリした、クリーンな味わいであること。SCAJの定義でも最初に出てきます。雑味があるとそのコーヒーの本来の味わいが分かりませんが、クリーンカップであると、フレーバーやコーヒーの特徴が際立ちます。

次に、透明感があり、後味（アフターテイスト）が心地いいこと。SCAJの定義や評価シートにもありますが、一口飲んだ後にもう一口、飲み終わった後にもう一杯飲みたくなるようなコーヒーが好きで、フィロコフィアでも提供したいと思っています。

3点目は酸味や甘みを感じられること。これは高品質の豆を使い、抽出にも成功すると、最大限引き出すことができます。

自分の好みが分かり、目指す味が明確になると、コーヒーがもっと楽しくなりますよ！

僕が好きなのはこんなコーヒー

1. スッキリした味わい（クリーンカップ）
2. 透明感があり、心地よい後味（アフターテイスト）
3. 酸味と甘みを感じられる

まずは焙煎度合いで飲み比べよう

好みのコーヒーを探すうえでオススメなのは、まずは焙煎度合いを変えて飲み比べること。コーヒーの味わいは、焙煎度合いによって大方決まってくるからです。

焙煎する前の豆を「生豆（なままめ）」と呼びますが、生豆を淹れても青臭いだけで美味しくはありません。焙煎することで、コーヒー独特の香りも、酸味や甘さも生まれるのです。

コーヒーを焙煎し始めて、最初に生まれるのが酸味。そのため浅煎りは酸味が際立ちます。焙煎時間が長くなると酸味は減少し、苦味が増してくるので、深煎りは苦味が際立ちます。両者の中間の中煎りは、酸味と苦味のバランスがいいのが特徴。

焙煎度合いは、どこまで火を入れるかによって8段階に区分されることが多いです。

店によって多少違いますが、一般的に浅煎りに区分されるのがライトロースト、シナモンロースト、ミディアムロースト。中煎りがハイロースト、シティロースト。深煎りがフルシティロースト、フレンチロースト、イタリアンロースト。

ただ、あまり浅いと青臭く、深すぎると酸味が失われて苦いだけ。なので、スペシャルティのお店で並ぶのはミディアムロースト、ハイロースト、シティローストあたりが中心です。これより深いものがエスプレッソやアイスコーヒーに使われるケースもあります。

焙煎時間が短く、酸味が際立つ。スペシャルティコーヒーだとフルーツ由来のきれいな酸味を堪能できる。良くも悪くも豆の特徴が表れやすいので、高品質のコーヒーに向いている。

焙煎度合いは浅煎りと深煎りの中間くらいで、酸味、苦味をバランスよく楽しめる。多くの店の定番で、初めての店では中煎りを頼んでおけば、外すことが少ないのでは。

焙煎時間が長く、苦味が強くなる。スペシャルティコーヒー好きの中には「個性が失われる」と深煎り否定派もいるが、僕は好き。ゲイシャ（P93参照）を深煎りにするのもアリだと思う。コーヒーの魅力は多様性だ。

まずは焙煎度合いで飲み比べよう

次に、焙煎のメカニズムを簡単に紹介します。

生豆に火を入れると、豆に含まれている水分が蒸発し始めます。完全に水分が抜けた後も熱し続けると、豆は内部の圧力が高まって膨張。圧力に耐えられなくなると、「パチパチ」という音を出しながら爆(は)ぜてガスを放出します。これは「1ハゼ」と呼ばれ、1ハゼ終了あたりのものが浅煎りです。

さらに火を入れると、再び「パチパチ」という音を出して「2ハゼ」がスタート。2ハゼが起こる前に火を止めたものが中煎りで、2ハゼ前後のものが深煎りです。

ところで、コーヒーには砂糖な

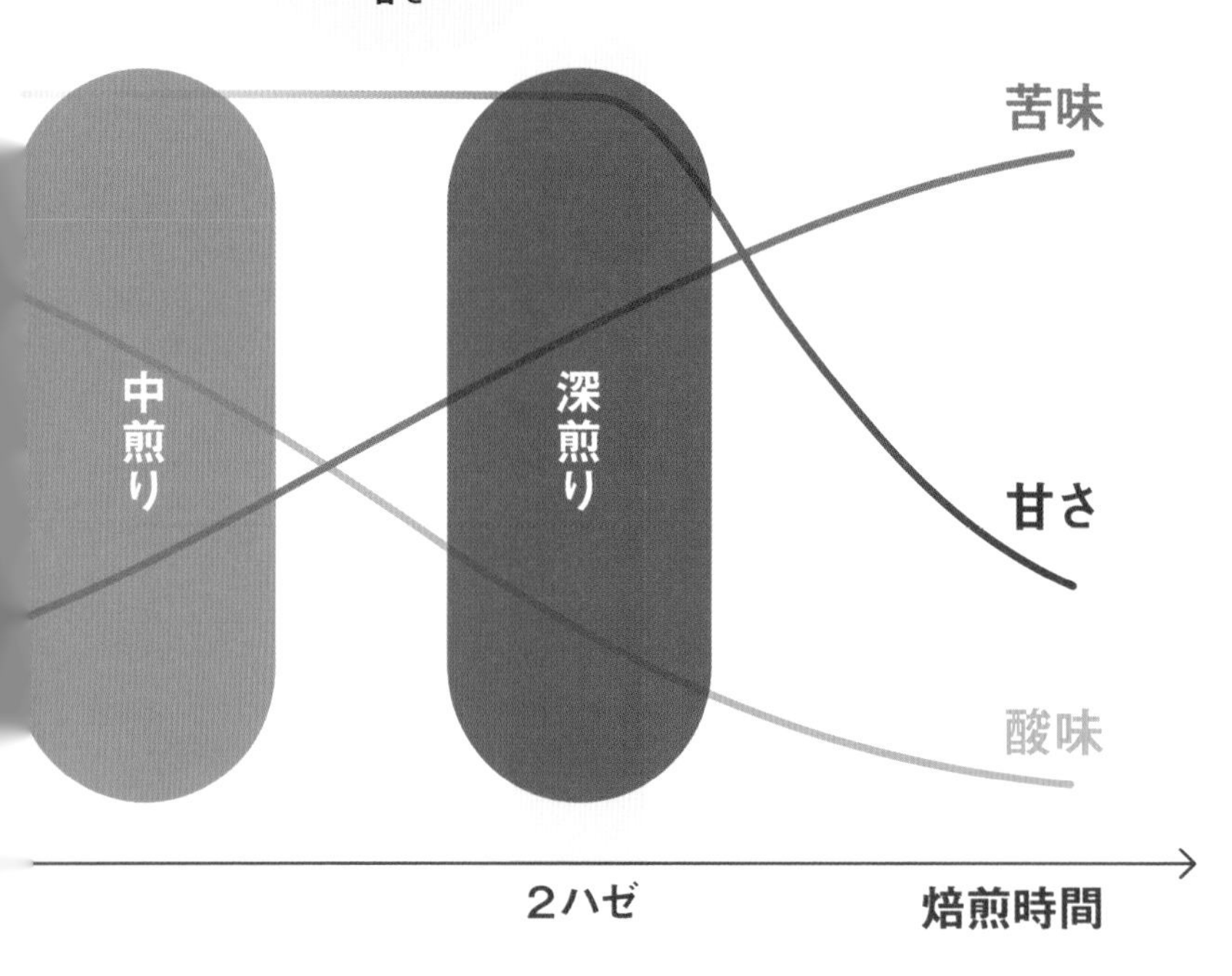

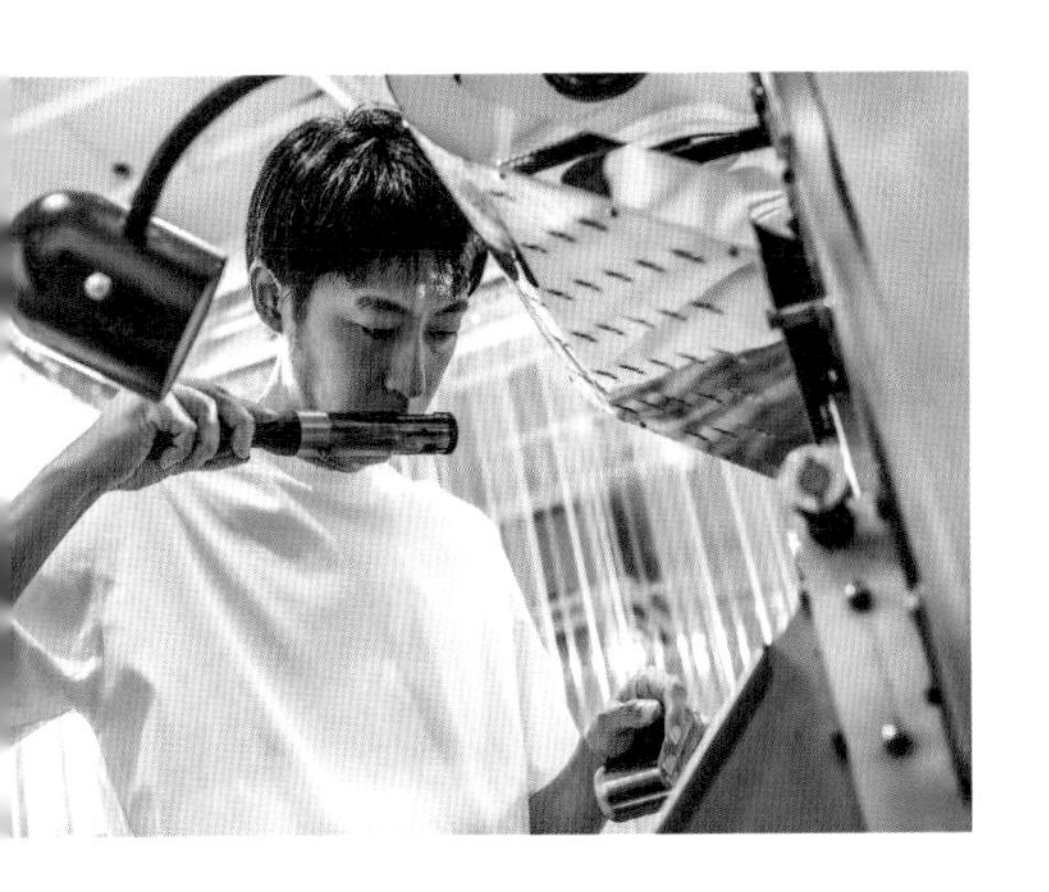

どが含まれていないのに甘さを感じられますが、浅煎りの場合はフルーツ由来の甘さ。火入れが進むとこれは失われますが、かわりに豆のカラメル化が進みます。深煎りの甘さは、プリンのカラメルや焼いたパンなどのように、火入れによる甘さと考えるといいです。

焙煎によるコーヒーの味わいのイメージ図

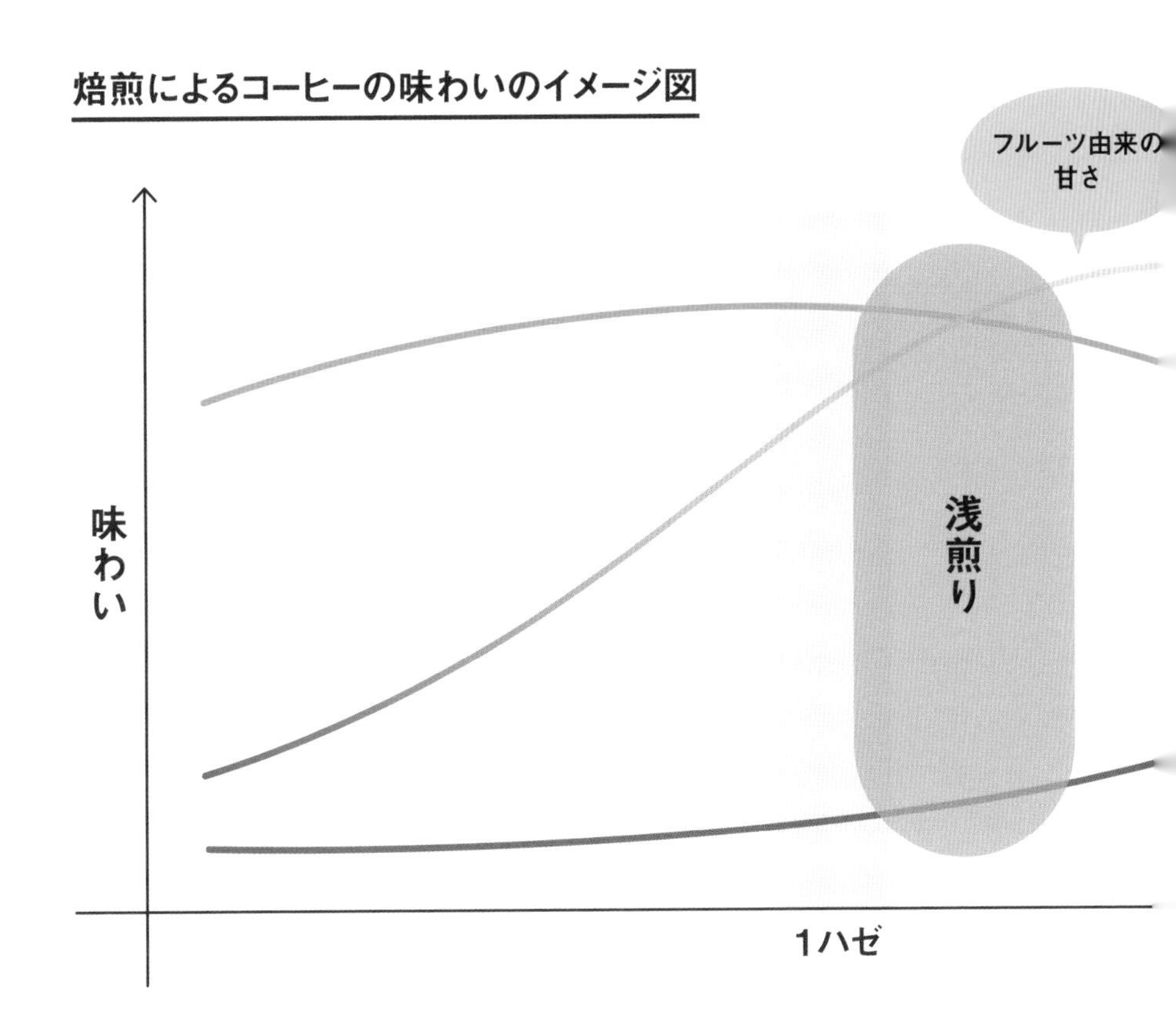

05

コーヒーの印象を左右する
生産処理

コーヒー豆はコーヒーチェリーのタネで、コーヒーチェリーから果肉やタネの周囲の成分を除去し、乾燥や脱穀を経たもの。この一連の工程を「生産処理」といいます（「精製」や「プロセス」と呼ばれることも）。生産処理方法によって、コーヒーの印象はかなり変わってきます。

代表的なのは「ナチュラル」と「ウォッシュド」。

ナチュラルは、収穫したコーヒーチェリーをじっくり天日乾燥させた後、脱穀してタネを取り出します。ウォッシュドは、果肉を取り除いてから水に漬けた後、乾燥させます。ナチュラルは乾燥の過程で発酵するため濃厚な味わいになり、ウォッシュドは水に漬けるのでスッキリしたコーヒーに。

このほか、ナチュラルとウォッシュドの中間といえる「ハニー」（「パルプドナチュラル」とも）、密閉タンクなどで空気に触れさせずに発酵させる「アナエロビック（嫌気性発酵）」などの方法もあります。アナエロビックは独特の複雑味のある味になり、近年は採用している生産者も、扱うショップも増えています。

ナチュラル

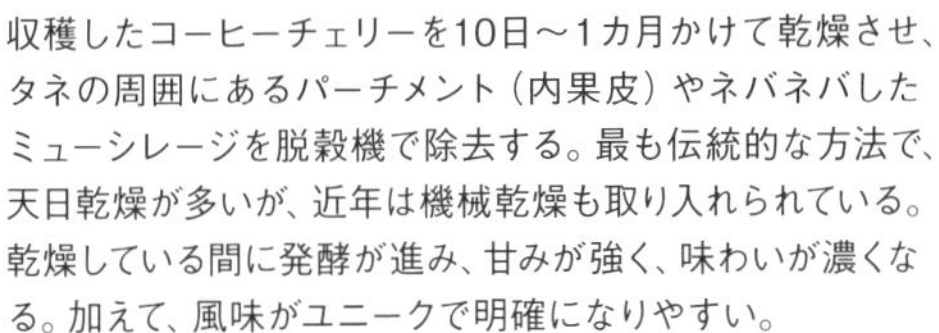

収穫したコーヒーチェリーを10日～1カ月かけて乾燥させ、タネの周囲にあるパーチメント（内果皮）やネバネバしたミューシレージを脱穀機で除去する。最も伝統的な方法で、天日乾燥が多いが、近年は機械乾燥も取り入れられている。乾燥している間に発酵が進み、甘みが強く、味わいが濃くなる。加えて、風味がユニークで明確になりやすい。
乾燥が不十分だと腐敗するリスクがあり、乾燥しすぎても品質は落ちる。いいものをつくるためには、広い場所に並べ、天地をひっくり返すなど手をかける必要がある。

ウォッシュド

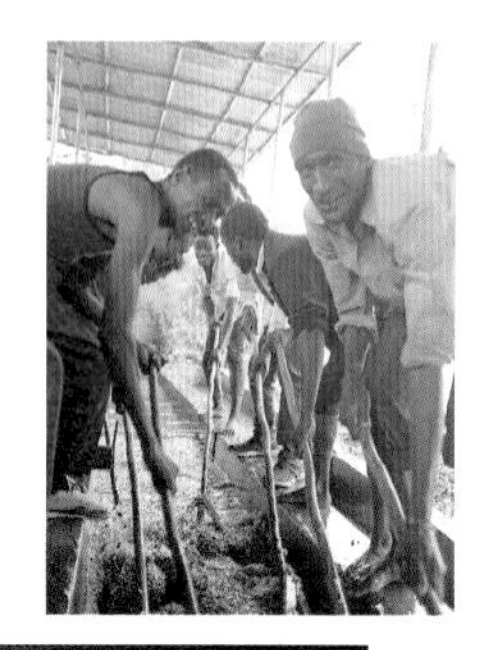

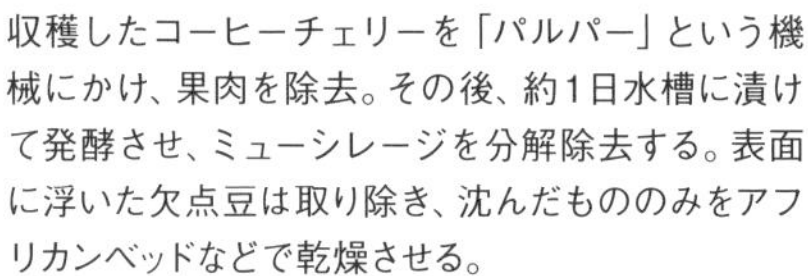

収穫したコーヒーチェリーを「パルパー」という機械にかけ、果肉を除去。その後、約1日水槽に漬けて発酵させ、ミューシレージを分解除去する。表面に浮いた欠点豆は取り除き、沈んだもののみをアフリカンベッドなどで乾燥させる。
水に漬けることで、きれいでスッキリした味わいになるうえ、テロワールや品種の特徴が分かりやすくなる。
水に漬けている時は、均一に発酵させるために人力で定期的に撹拌しなければならない。また大量に水を使うため、近くに川などの水源が必要となる。

コーヒーチェリー収穫後は、どの生産処理を行うにせよ、まず選別することが大切。未熟なものや熟れすぎているものを除去することで、品質が安定する。

ハニー

工程はウォッシュドと同様。ウォッシュドではミューシレージを完全に分解除去するが、ハニーの場合は一部を残して乾燥させる。
ミューシレージを残す量が少ない順に、「ホワイトハニー」「イエローハニー」「レッドハニー」「ブラックハニー」の4段階に分けられることが多い。ホワイトハニーはウォッシュドに近い風味に、ブラックハニーはナチュラルに近い風味になる。

アナエロビック

嫌気性発酵により、独特の香りや味わいを生み出す方法。発酵は菌の働きで起こるが、菌には酸素がある状態で働く好気性のものと、酸素がない状態で働く嫌気性のものがある。
アナエロビックは、収穫したコーヒーチェリーを密閉性のタンクなどで嫌気性発酵させる。この時、二酸化炭素を充填する方法はカーボニックマセレーションと呼ばれる。
乾燥や脱穀は他の生産処理と同様に行う。

06

品種

覚えておくとツウっぽい？

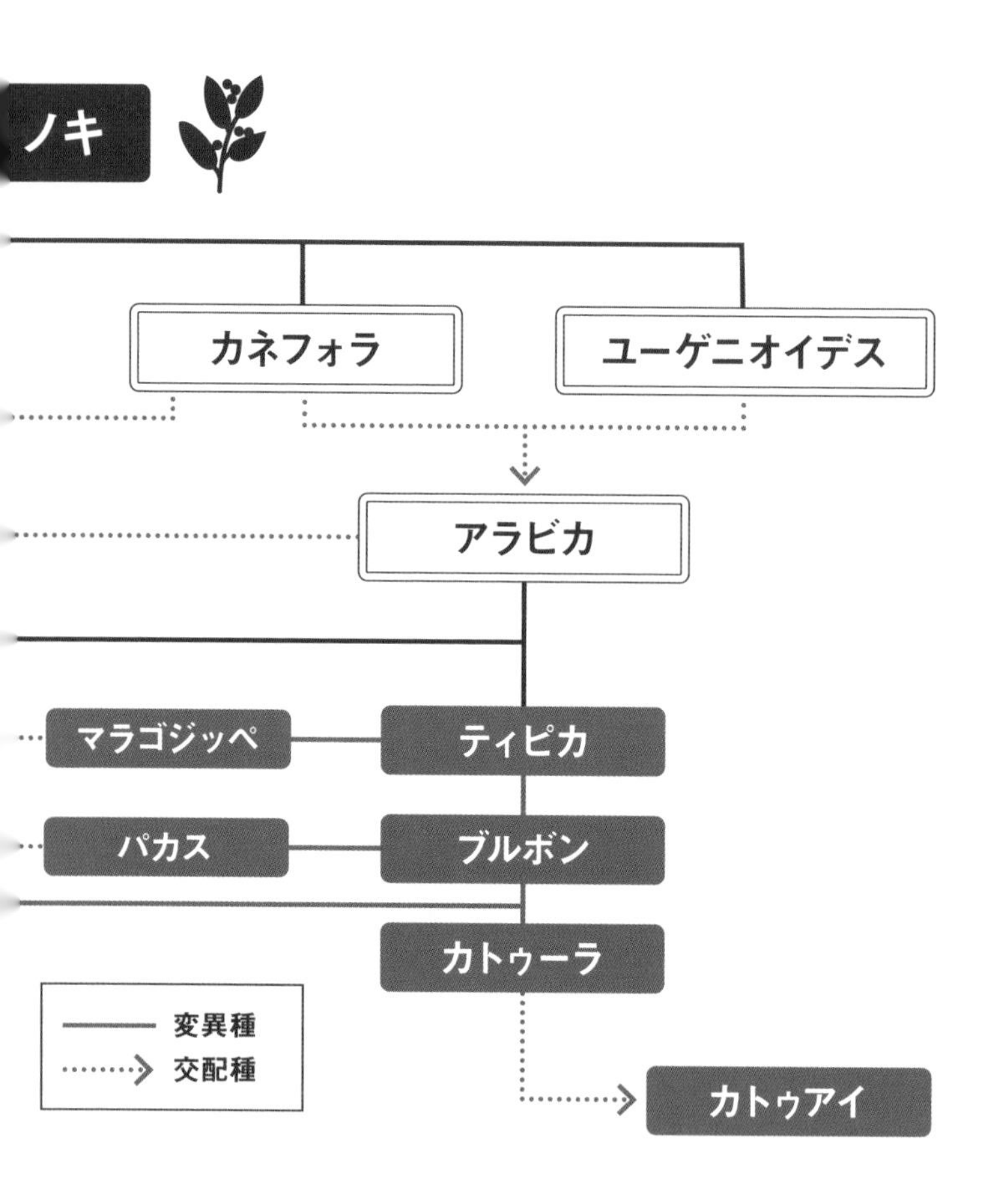

例えばワインは、材料のブドウにカベルネ・ソーヴィニヨン、メルローなどの品種があり、使うものにより風味が異なります。コーヒーも同様に多くの品種があり、それぞれ風味特性があります。

コーヒーチェリーがなるのは、「コーヒーノキ」という常緑樹。コーヒーノキには100以上の種があることが確認されているものの、飲用で栽培されているのは、主にアラビカ種とカネフォラ種（ロブスタ）です。

アラビカ種には良質な酸味やフレーバーがあり、スペシャルティ

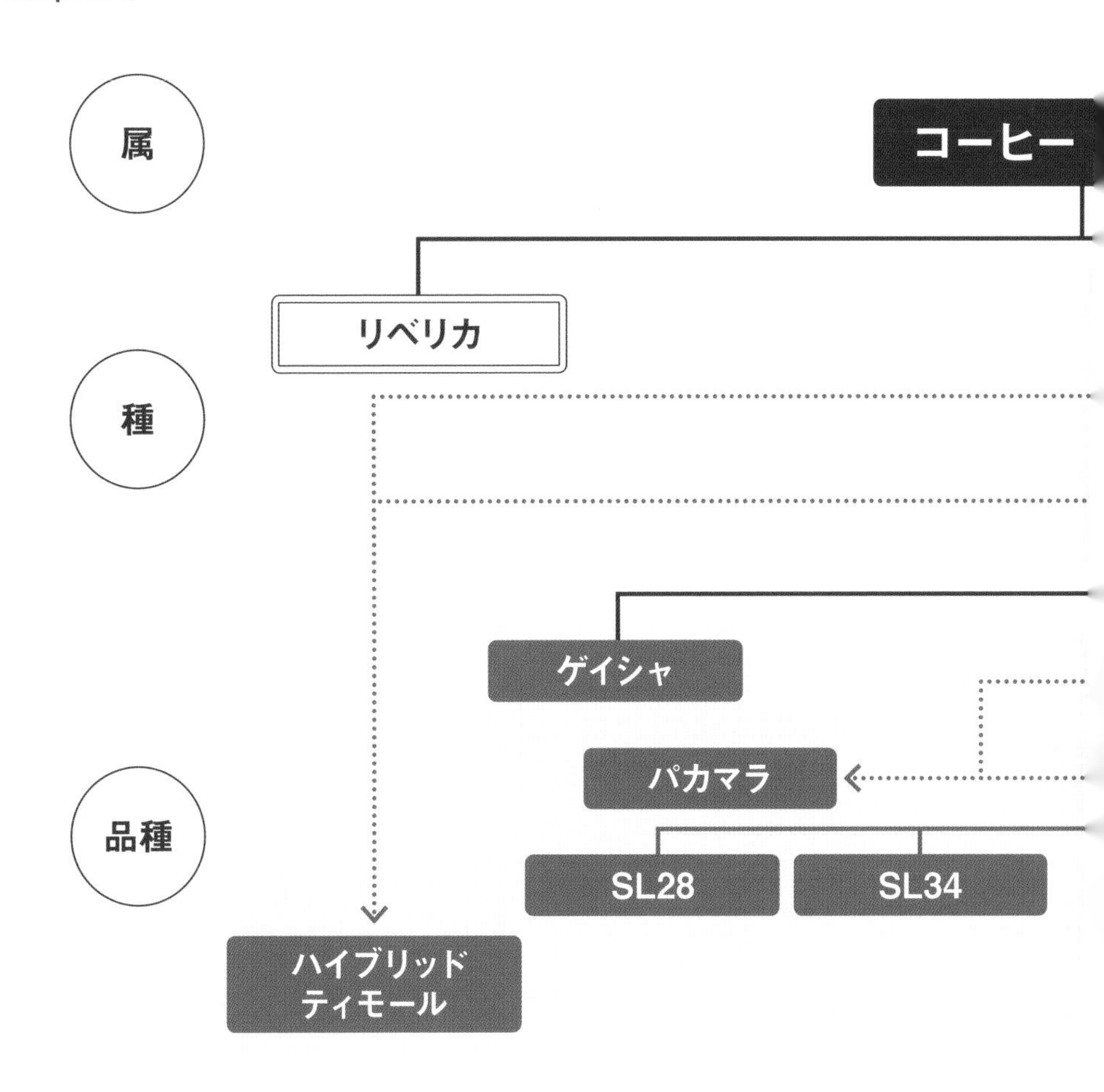

コーヒーはすべてアラビカ種です。カネフォラ種は酸味がほとんどない一方で苦味が強く、缶コーヒーやインスタントコーヒーなどに使用されています。ただ病害虫に強く、栽培しやすいのが特徴。

ユーゲニオイデス種はコーヒーの原種で、アラビカ種はユーゲニオイデス種とカネフォラ種が自然交配して生まれました。リベリカ種は、リベリアなど西アフリカで栽培されていますが、ほとんど流通していません。

コーヒーの品種は数多くあり、それらは突然変異や交配によって誕生しました。交配には自然交配と人工交配があります。次ページでは、代表的または特徴的な品種を紹介します。

ティピカ

アラビカの原種に近い品種で、さわやかな甘さと酸味がある。現在流通している品種は、ティピカから生まれたものが多い。病害虫に弱く、生産に手間がかかるものの味はよい。純粋な100%ティピカは現在ではほとんどないらしい。

ブルボン

ティピカの突然変異種といわれ、甘みが強く、風味がいい。イエメンからインド洋のブルボン島（現在のレユニオン島）に移植されたのが起源。「イエローブルボン」などの派生品種もあり、比較的多くの国で生産されている。

カトゥーラ

ブルボンの突然変異種で、心地いい甘みがある。ブラジルで発見された。樹高が低くて枝が多く、環境に適応しやすい。収量も安定しているので、コスタリカやグアテマラを中心に多くの地域で育てられている。

カトゥアイ

カトゥーラとムンド・ノーボ（ブルボンとスマトラ種の自然交配種）の人工交配種で、ブラジルで開発された。軽い口あたり。厳しい気候でも栽培可能で収量が多いため、ブラジルや中米など産地は多い。

ユーゲニオイデス

アラビカ種の親。酸味はほとんどなく、強い甘さがあり、アラビカ種のコーヒーとは異なる独特の風味を持つ。コロンビアで栽培されているが、なかなか手に入れることは難しく、「幻の品種」とも呼ばれる。

ゲイシャ

エチオピア在来種のひとつ。繊細で複雑なフレーバーを持つ。エチオピアのゲシャ村がルーツで、エチオピアやパナマで栽培されてきた。近年は人気も価格も高まっており、生産国も農園も増えている。

パカマラ

パカス（ブルボンの突然変異種）、マラゴジッペ（ティピカの突然変異種）を人工交配したもので、エルサルバドルで誕生。トロピカルなフレーバーで、口あたりがいい。粒がとても大きい。産地はエルサルバドルなど。

SL28・SL34

ブルボンの突然変異種。名前の由来は「スコット農業研究所（Scott Agricultural Laboratories）」で、ケニアがイギリスの植民地だった時代に同研究所で発見された。ラズベリーやカシスのような酸味が特徴。産地はケニアなど。

ハイブリッドティモール

アラビカ種とカネフォラ種の交配種。栽培しやすく収量が多く、味わいもそこそこ。最近は品種改良が進んで風味が良くなってきており、「ルイル11」や「カスティージョ」などはコーヒーショップで提供されている。

07

風味に特徴も生産国

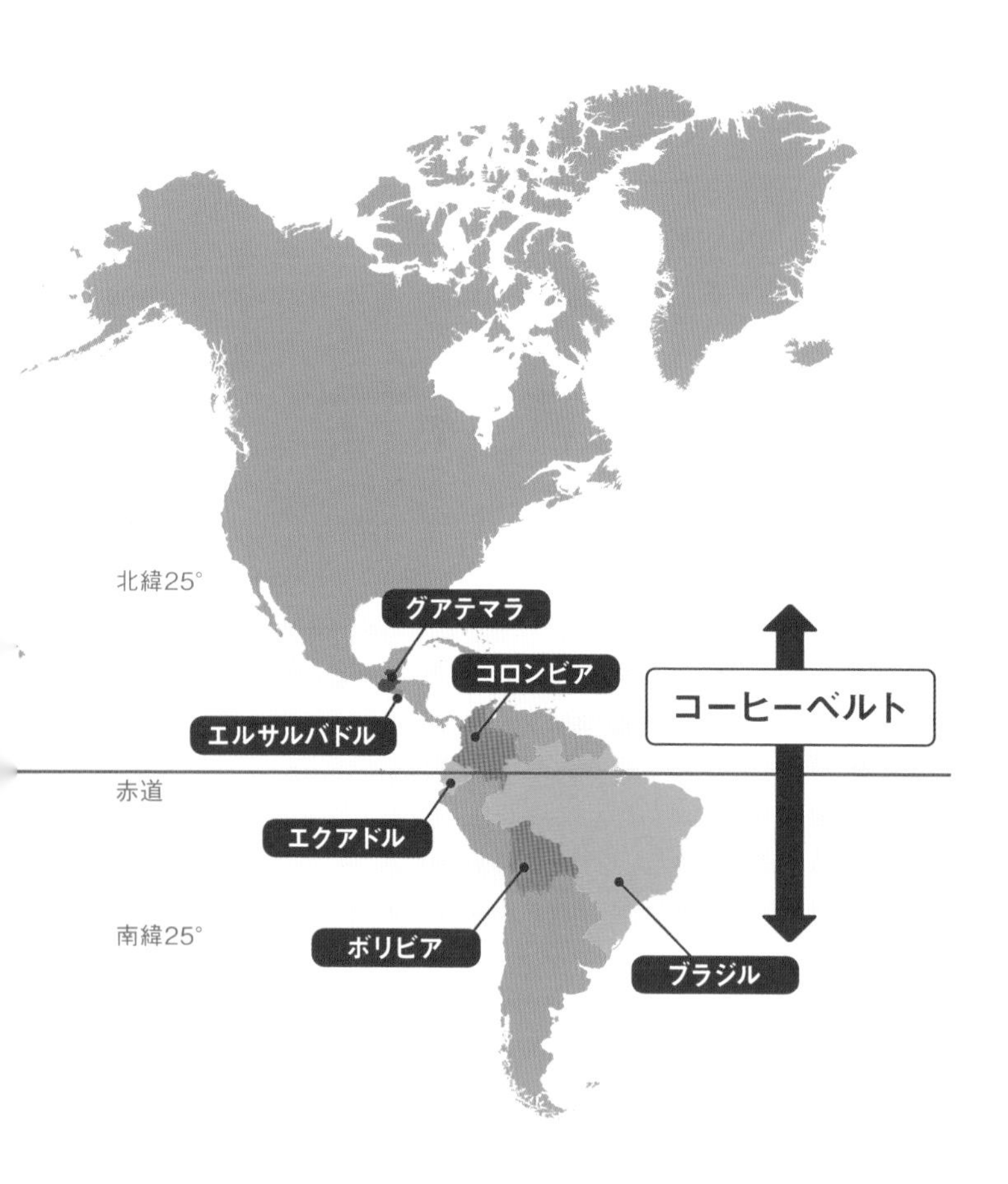

現在、国産のコーヒーは珍しく、大半は輸入されていますが、それはコーヒーノキ栽培に適した気候があるからです。

望まれる条件は、平均気温が約20〜25度で適度な日射量、雨季があり、昼夜の寒暖の差がある高地。これらを満たす場所は、赤道をはさむ北緯25°〜南緯25°に集まっており、この地帯は「コーヒーベルト」と呼ばれています。

コーヒーベルトの中でも代表的な産地は、中米、南米、アフリカ。加えてインドネシアも生産量が多く、地域や国によってそれぞれ特

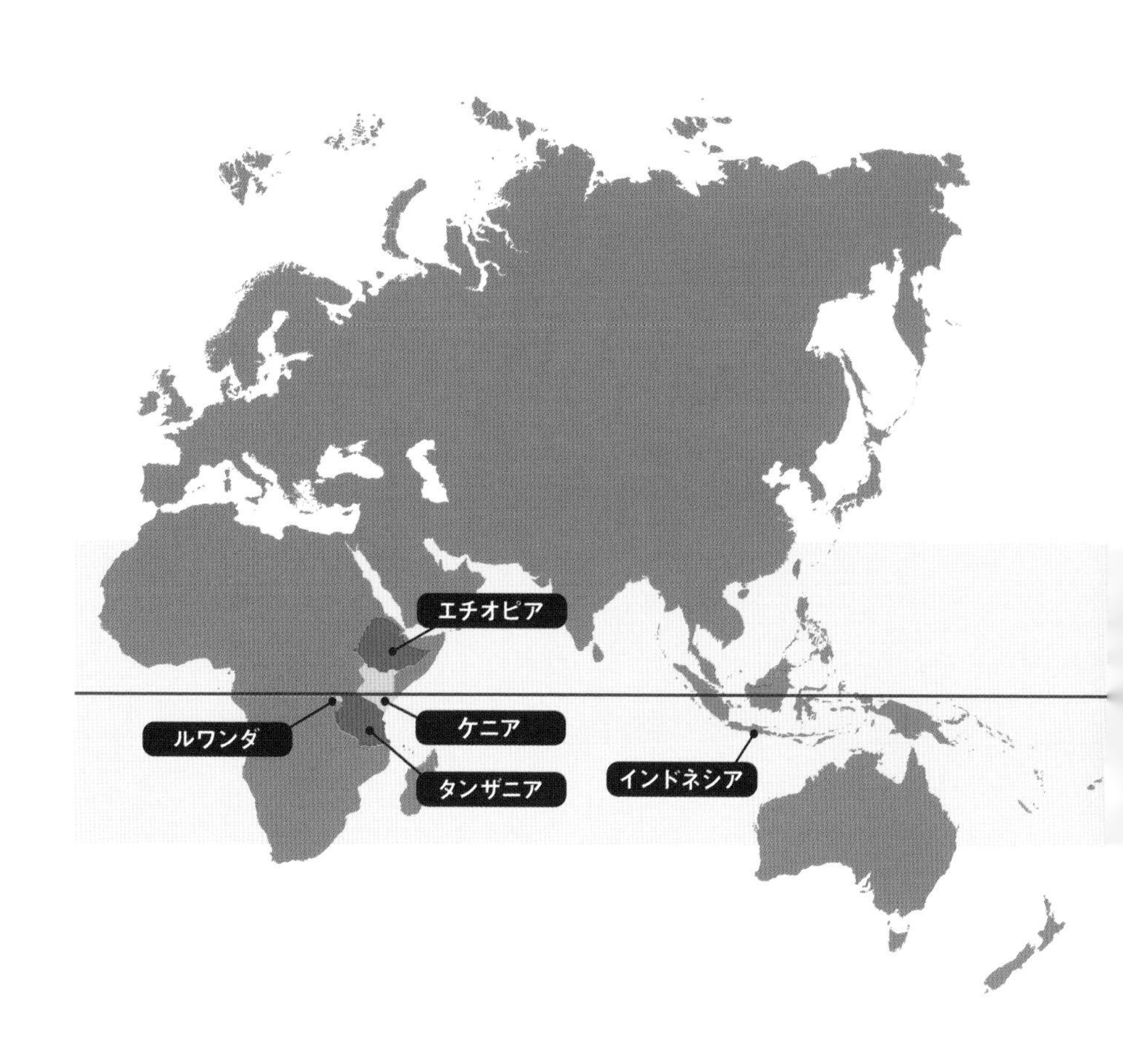

徴があります。

　ただ近年は、産地や生産者の努力や技術進化などもあり、地域や国による違いよりも、農園の独自性が目立つようになっています。これまで紹介してきたように、育てる品種や行う生産処理方法などで、品質が変わるからです。

　次ページで主な産地や国について紹介しますが、参考程度にし、農園や生産者に注目する方をオススメしたいです。

中米

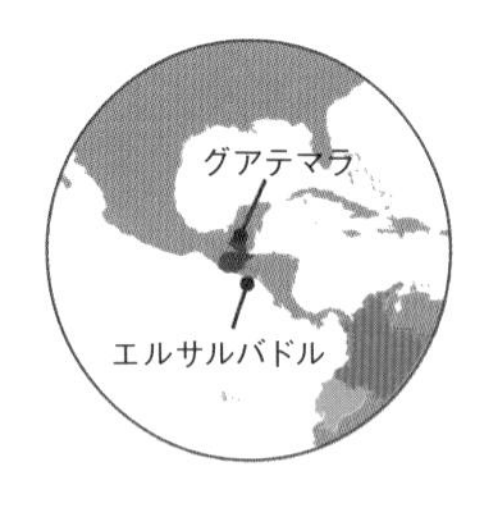

酸味、甘さ、フレーバー、ボディ感のいずれも全体のバランスが優れており、飲みやすいコーヒーが多い。

グアテマラ

国土の多くはコーヒー栽培に向いた土壌で、酸味と甘さのバランスがいいコーヒーを生産できる。国として、農地の標高によって格付けしており、最上位の「ストリクトリー・ハード・ビーン（SHB）」は標高1400m以上で栽培されたもの。

エルサルバドル

エルサルバドル生まれで人気が高いパカマラのほか、ブルボンやパカスなどを栽培。いずれも甘みがあり、品質は安定している。生産しているのはアラビカ種のみ。政府がコーヒー豆の品質管理や国外での宣伝を後押しし、輸出を進めている。

南米

生産量世界一のブラジルなど産地が集中。様々なコーヒーがあるが、総じて酸味と苦味のバランスがいい。

ブラジル

生産量は世界一で、日本の輸入量もトップ。アラビカ種もカネフォラ種も栽培。機械化を進める大規模農家も、昔ながらの方法で品質にこだわる小規模農家もいる。総じて標高が低いため酸味が形成されにくく、チョコレート系が多い。

コロンビア

アンデス山脈が南北にまたがり、標高や気候は栽培に適しているものの、山の斜面がきつく農地を広げにくい。それもあり、国として高品質のコーヒー栽培に力を入れ、アラビカ種に絞っている。酸味があり、スッキリしたコーヒーが多い。

エクアドル

かつてはカネフォラ種が主流だった。ただ隣国のコロンビア同様、アンデス山脈の影響もあり、コーヒー栽培に適した土壌や気候で、標高も十分。近年は高品質のスペシャルティコーヒーを栽培する農家も増えており、ポテンシャルがある国。

ボリビア

家族経営の小規模農家が多く、国全体の生産量は少ない。とはいえエクアドル同様、コーヒー栽培に向いている土地であり、素晴らしいコーヒーを出荷する農家も増えている。個人的には一番のお気に入りで、毎年買い付けている。

アフリカ

エチオピアやケニアなど、標高が高い国が多く、酸味やフレーバーが印象的なコーヒーが生まれやすい。

エチオピア

コーヒー発祥の地とされる。現在も野生のコーヒーノキが多く、品種が特定されていないものは「エチオピア在来種」などと呼ばれる。きれいな酸味、芳醇な香りのあるコーヒーが多い。国として欠点豆の個数で格付けしており、最上位は「G1」。

ケニア

コーヒー栽培が始まったのは比較的遅かったものの、生産者たちが協力して努力を重ね、質のいい酸味やフレーバーを持つコーヒーを栽培している。国として豆のサイズで格付けしており、最上位は「AA」（約6.8〜7.2mm）。

タンザニア

「キリマンジャロ」が有名だが、キリマンジャロという品種や規格があるわけではない。キリマンジャロはタンザニアにある山の名前で、タンザニア産コーヒーのブランドとなっている。酸味があるコーヒーが中心。

ルワンダ

生産量はそれほど多くないものの、国として高品質のコーヒーを輸出することを掲げており、国際的にも評価が高まっている生産地のひとつ。さわやかな酸味やフルーティーな香りがあるコーヒーを出荷している。

インドネシア

生産量世界2位のベトナムに次ぐアジアの一大産地で、世界でもトップ5に入る。カネフォラ種が多いが、近年は高品質のアラビカ種も増えている。雨が多いため、生豆にしてから乾燥する生産処理方法「スマトラ式」が考案された。

08

舌を鍛えることも大事

ここまで、コーヒーの様々な特徴について紹介してきました。とはいえ、「色々なコーヒーを飲んでみたものの、違いがよく分からない」という人もいるかもしれませんね。

僕も、かつてはそうでした。何を飲んでも「美味しいな」と思うだけで、違いはよく分かりませんでした。

今のように「違いが分かる男」(笑)になれたのは、意識してコーヒーの味を取ろうとし、味わいや風味を言葉で表現することを繰り返してきたからです。

味や風味の違いを知覚するのはなかなか難しいこと。誰でもできることではないでしょう。味を取れるようになるためには、舌を鍛えなければなりません。

僕が舌を鍛えたのは、コーヒーファクトリーでの修行時代。連日、「カッピング」(P104)という味を評価する作業をマスターやスタッフと行い、10、20杯と飲み比べました。色々なコーヒーを飲むだけではなく、コーヒー以外の幅広い食品を味わって記憶することもしました。そのうち、少しずつ感覚が鋭くなっていきました。

コーヒーを飲んだら、その印象を言葉にしてみるのもオススメです。最初は「さわやかな酸味を感じる」「ナッツのような苦味がある」などとざっくりでOK。言語化するポイントは、次ページから紹介していきます。

また、実際にコーヒーを点数で評価してみるのもいいでしょう。先に紹介したＪＢｒＣやＷＢｒＣの評価シートのほか、ＳＣＡＪのカッピングフォームなどいくつかの形式があるので、使いやすいものを選んでやってみると勉強になりますよ。

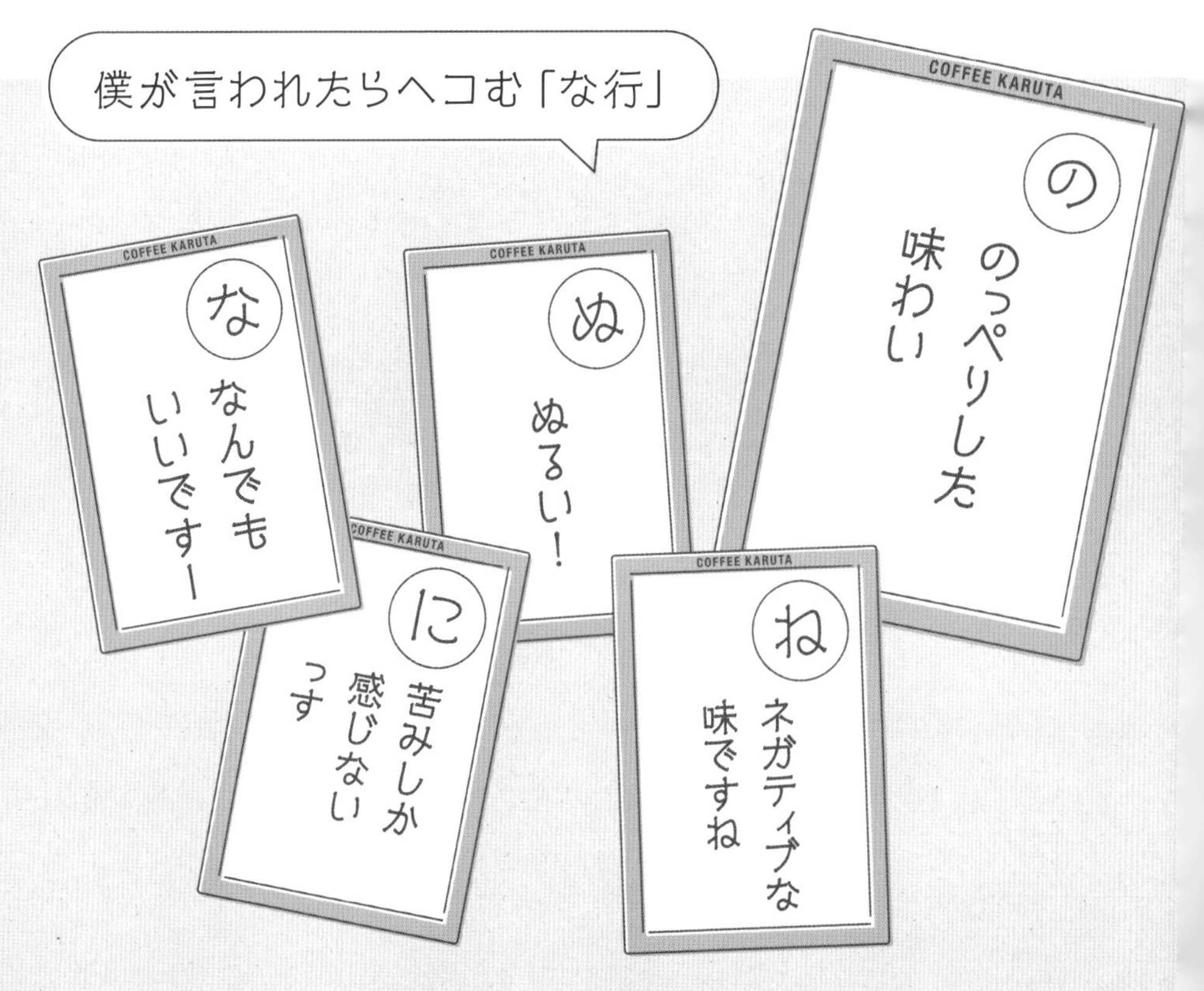
僕が言われたらヘコむ「な行」
COFFEE KARUTA
な
なんでもいいですー
COFFEE KARUTA
に
苦みしか感じないっす
COFFEE KARUTA
ぬ
ぬるい！
COFFEE KARUTA
ね
ネガティブな味ですね
COFFEE KARUTA
の
のっぺりした味わい

09

コーヒーの味わいを表現

フレーバーホイール

味や香り、風味など、食べ物や飲み物の総合的な印象のことを「フレーバー」といいます。バリスタや焙煎士らは、コーヒーの味わいをフレーバーで表現します。それによって、実際に口にしていなくても「こんな味かな」とイメージできるようになります。

フレーバーは、多くの人に馴染みがある食べ物に例えるのが一般的。コーヒーのフレーバーをまとめたものに、「フレーバーホイール」があります。スペシャルティコーヒー協会とワールドコーヒーリサーチが共同開発したもので、英語、日本語、フランス語など様々なバージョンがあります。

コーヒーの味わいを言語化するためには、まずは中心部の円を参考にするといいでしょう。酸味を感じたならば「果物」、苦味があるものならば「ナッツ／ココア」などと大別します。

次は、例えば浅煎りで果物が強ければ、それが赤っぽい「ベリー系」なのか、黄色やオレンジの「柑橘系」なのかを感知するように意識してみてください。色をイメージすると分かりやすいのでは。深煎りの場合も、例えば「ココア」系なのか、「ナッツ」系なのかなど考えてみるのがオススメです。

舌が鍛えられてきたら、さらに細かく、一番外の円を参考に「ストロベリー」「グレープフルーツ」などと味を見つけるようにすると、フレーバーをより堪能できるようになります。また、フレーバーは1種類ではなく、複数を表記するのが一般的です。

スペシャルティコーヒーショップでは、豆の特徴をフレーバーで紹介するケースが多いので、ドリンクオーダーや豆の購入の参考にしてみてください。

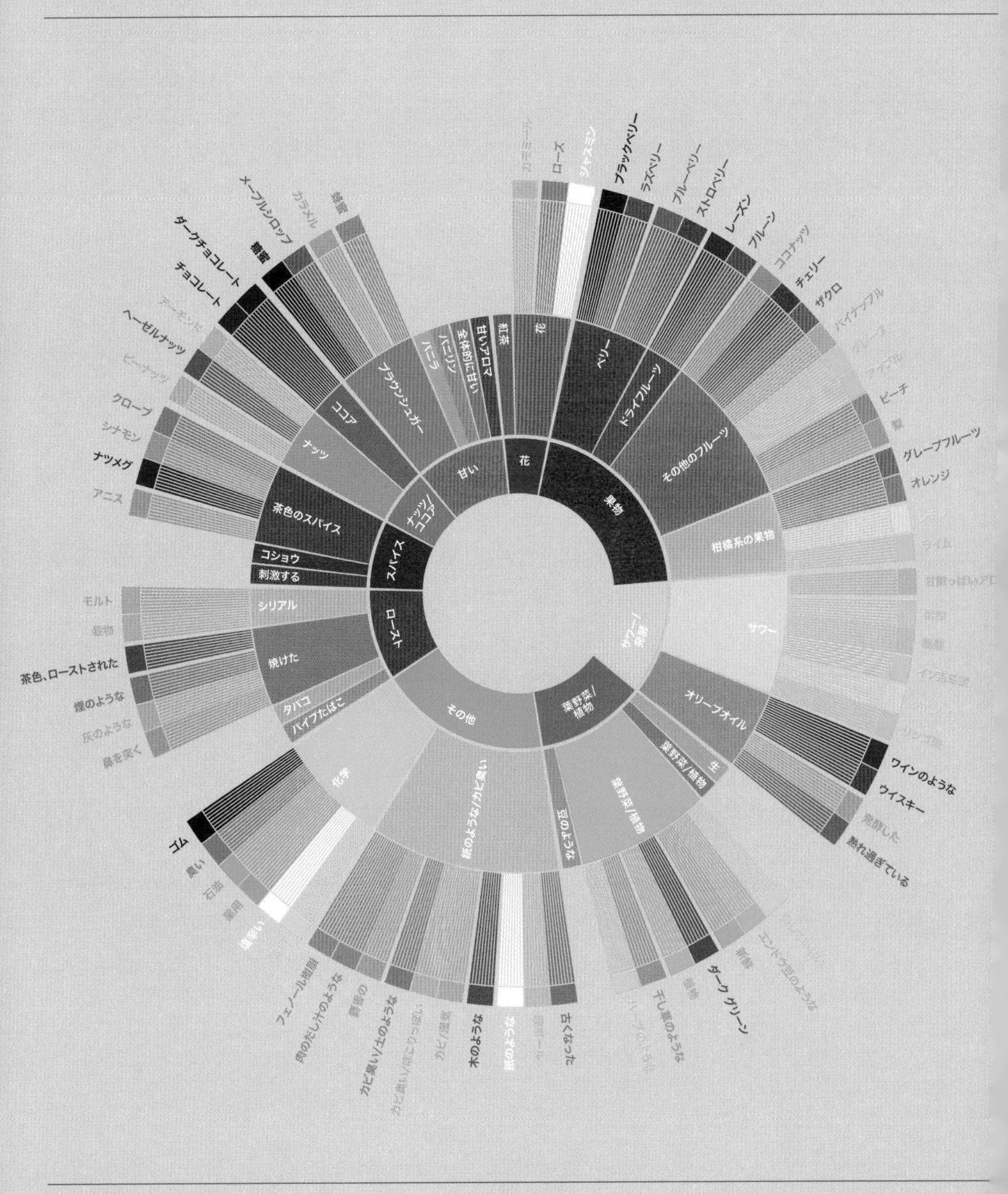

コーヒー鑑定のフレーバーホイールは世界のコーヒー研究によ
て開発された感覚の辞書を使用して作成されまし

免責事項: このフレーバーホイールは英語から翻訳されており、日本語になると多少意
合いが異なる場合があります。WORLD COFFEE RESEARCH SENSORY LEXIC
(世界コーヒー研究感覚用語集) の元のテキストの説明を参照してください

© 2017 SCA AND W

10

コーヒーの評価法
カッピング

カッピングは、そのコーヒーの持ち味や特徴などを評価するための行為で、コーヒーのプロにとって欠かせないものです。

評価するのは、粉にお湯を注いで成分を丸ごと引き出したコーヒー液。フレンチプレスに近いです。

これを、カッピングスプーンで口に含み、テイスティングします。その際は勢いよく液体をすすり、口の中で霧状に広がるようにすると、味や香り、フレーバーなどを感じやすくなります。

カッピングにより、バリスタはどう抽出するか、焙煎士はどのように焙煎するかを決めるのです。

バイヤーも、カッピングで買い付ける豆を選定。「カップ・オブ・エクセレンス（COE）」でも、品質をカッピングで評価します。

COEとは、ブラジルやエチオピアなど多くの生産国で行われる品評会。出品されたコーヒーは100点満点で評価され、86点以上で入賞となり、順位もつきます。

入賞したものは、インターネットオークションで販売されます。世界中のコーヒー業者が参加し、フィロコフィアで扱うこともありますよ。

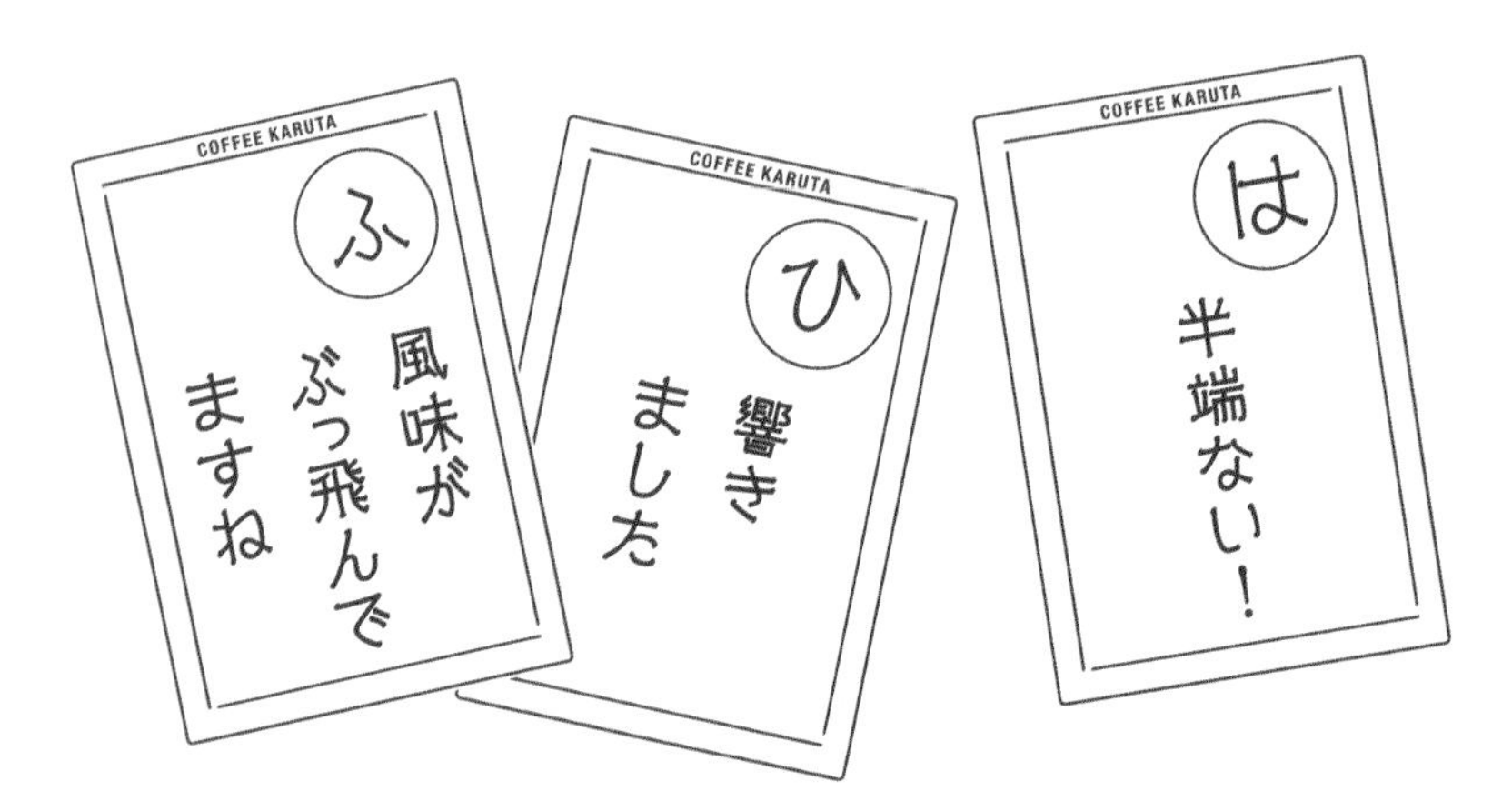

カッピングの手順

1 粉をセットしてお湯を注ぐ

粉を挽いてカップボウルにセット。香りをチェックしたら、一気にお湯を注ぐ。

2 香りをかぐ

注湯後も香りを確認。この時の香りを「クラスト」、注湯前の粉の香りを「ドライ」という。

3 ブレーク

カッピングスプーンで粉とお湯をかき混ぜる。この時も香りをチェックする。

4 アク取り

カップ表面に浮かんだアクを、スプーンで丁寧に取り除く。

5 コーヒー液をすくう

カッピングスプーンでコーヒー液をすくう。コロナ禍以降、2本のスプーンを使うようになった。

6 口に含んでテイスティング

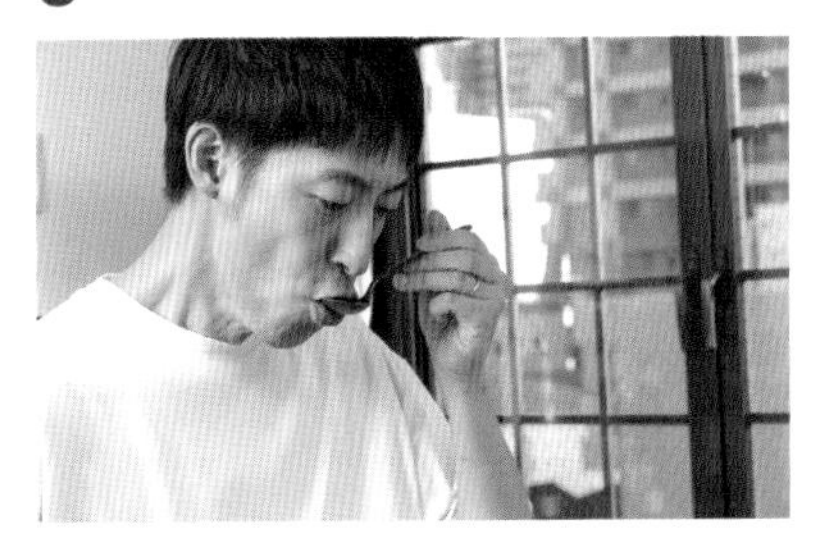

コーヒー液を口に入れて、香りや味わい、フレーバーなどを総合的にチェック。

コーヒーを評価してみよう

では、実際にコーヒーを評価してみましょう。評価シートには色々ありますが、参考までにSCAJ、COEが使用しているカッピングフォームを紹介します。

評価する項目は、P78のJBrCやWBrCの評価シートとほぼ同様。SCAJの方は「フレーバー」以降、COEの方は「クリーンカップ」以降の8項目をいずれも8点満点で審査します。0・5点刻みで採点した合計点数を、ベースの36点に足し、満点は100点となります。

いずれも平均は6点で、「素晴

SCAJのカッピングフォーム

審査項目

カッピング フォーム

名前：　　　セッション：1 2 3 4 5　　　日付：

サンプル	ロースト COLOR DEVIATION	アロマ <3>‥0‥+3 ドライ クラスト ブレーク	欠点・瑕疵 #×cx4=スコア i=<1> to <3>	フレーバー	後味の印象度	酸の質	口に含んだ質感	カップのきれいさ	甘さ	ハーモニー均衡性	総合評価	TOTAL

SCAJのカッピングフォーム。審査項目は左から、フレーバー、後味の印象度、酸の質、口に含んだ質感、カップのきれいさ、甘さ、ハーモニー均衡性、総合評価。

らしい」と思ったら加点し、「イマイチ」と感じたら減点。COEでは86点以上のコーヒーが入賞となり、90点以上は滅多に出ません。

得点には反映されませんが、そのコーヒーの特徴として、ドライ、クラフト、ブレークの各段階の香りもチェックし、「欠点・瑕疵（かし）」と感じる部分があれば、それも記入しておきましょう。

最初は難しくても、続けているうちにできるようになりますよ！

COEの評価シート

審査項目

CUP OF EXCELLENCE

NAME　#　DATE　①②③ ROUND　①②③④⑤ SN　TBL#　COUNTRY

	ROAST COLOR	AROMA DRY	AROMA CRUST	AROMA BREAK	DEFECTS #×i×4=SCORE	CLEAN CUP	SWEET	ACIDITY	MOUTH FEEL	FLAVOR	AFTERTASTE	BALANCE	OVERALL	TOTAL (+36)
1. SAMPLE		3 2 1	3 2 1	3 2 1	_×_×4=_	0 4 6 7 8	0 4 6 7 8	0 4 6 7 8 H M L	0 4 6 7 8 H M L	0 4 6 7 8	0 4 6 7 8	0 4 6 7 8	0 4 6 7 8	
2. SAMPLE		3 2 1	3 2 1	3 2 1	_×_×4=_	0 4 6 7 8	0 4 6 7 8	0 4 6 7 8 H M L	0 4 6 7 8 H M L	0 4 6 7 8	0 4 6 7 8	0 4 6 7 8	0 4 6 7 8	
3. SAMPLE		3 2 1	3 2 1	3 2 1	_×_×4=_	0 4 6 7 8	0 4 6 7 8	0 4 6 7 8 H M L	0 4 6 7 8 H M L	0 4 6 7 8	0 4 6 7 8	0 4 6 7 8	0 4 6 7 8	
4. SAMPLE		3 2 1	3 2 1	3 2 1	_×_×4=_	0 4 6 7 8	0 4 6 7 8	0 4 6 7 8 H M L	0 4 6 7 8 H M L	0 4 6 7 8	0 4 6 7 8	0 4 6 7 8	0 4 6 7 8	
5. SAMPLE		3 2 1	3 2 1	3 2 1	_×_×4=_	0 4 6 7 8	0 4 6 7 8	0 4 6 7 8 H M L	0 4 6 7 8 H M L	0 4 6 7 8	0 4 6 7 8	0 4 6 7 8	0 4 6 7 8	
6. SAMPLE		3 2 1	3 2 1	3 2 1	_×_×4=_	0 4 6 7 8	0 4 6 7 8	0 4 6 7 8 H M L	0 4 6 7 8 H M L	0 4 6 7 8	0 4 6 7 8	0 4 6 7 8	0 4 6 7 8	
7. SAMPLE		3 2 1	3 2 1	3 2 1	_×_×4=_	0 4 6 7 8	0 4 6 7 8	0 4 6 7 8 H M L	0 4 6 7 8 H M L	0 4 6 7 8	0 4 6 7 8	0 4 6 7 8	0 4 6 7 8	
8. SAMPLE		3 2 1	3 2 1	3 2 1	_×_×4=_	0 4 6 7 8	0 4 6 7 8	0 4 6 7 8 H M L	0 4 6 7 8 H M L	0 4 6 7 8	0 4 6 7 8	0 4 6 7 8	0 4 6 7 8	
9. SAMPLE		3 2 1	3 2 1	3 2 1	_×_×4=_	0 4 6 7 8	0 4 6 7 8	0 4 6 7 8 H M L	0 4 6 7 8 H M L	0 4 6 7 8	0 4 6 7 8	0 4 6 7 8	0 4 6 7 8	
10. SAMPLE		3 2 1	3 2 1	3 2 1	_×_×4=_	0 4 6 7 8	0 4 6 7 8	0 4 6 7 8 H M L	0 4 6 7 8 H M L	0 4 6 7 8	0 4 6 7 8	0 4 6 7 8	0 4 6 7 8	

COPYRIGHT © 2021 GEORGE HOWELL

COEのカッピングフォーム。審査項目は左から、クリーンカップ、甘さ、酸の質、マウスフィール、フレーバー、アフターテイスト、バランス、総合評価。

コーヒーを評価してみよう

参考までに、COEのカッピングフォーム（❶）、JBrCやWBrCの評価シート（❷）に僕が記入した例を紹介します。もちろんほかの書式でもいいですし、僕はいつも英語で記入しているので英語版を掲載しますが、日本語でも英語でもOKです。

大きなポイントは3点あります。まずは、意識して味を取ろうとし、感じたことは何でも書いていくこと。例えばフレーバーは、❶は「ピーチ、パイナップル。ハニー」など、❷は「マスカット、ミックスベリー」など複数記入しています。

またコーヒーは温かい時と冷めた時とで印象が変わるので、時間

❶

① ② ③ ④ ⑤
SN　TBL#　COUNTRY

UTH EEL	FLAVOR	AFTERTASTE	BALANCE	OVERALL	TOTAL (+36)
0 4 6 7 8	0 4 6 7 8	0 4 6 7 8	0 4 6 7 8	0 4 6 7 8	56
	Peach, Pineapple	Long sweet	Complex	Very complex,	
	Honey, Apricot, G.apple	Clean finish	Layered	and balanced	92

❷

Score Evaluation Scale

ood	7.00 Very Good	8.00 Excellent	9.00 Extraordinary
	7.25	8.25	9.25
	7.50	8.50	9.50
	7.75	8.75	9.75

HOT　W = WARM　C= COLD

8.5　Overall　9　Total Cup Score　87 /100

9 10　6 7 8 9 10

outstanding characteristic coffee　Thanks, I enjoyed it H→C

をかけて味わって評価することも重要。❶❷のフレーバーの「(C)」、❷のアフターテイストの「as it cools」とボディの「when cools」はいずれも、冷めた時の印象を書いています。

加えて、強弱ではなく、質や複雑さも含めて評価することが大切です。甘さや酸味などは、つい強いものに高得点をつけたくなるかもしれませんが、質や複雑さも感じるように意識しましょう。

ちなみに❷は100満点で、7項目を10点満点で評価しますが、酸味、ボディ、バランスの3項目は点数が倍で20点満点になります。抽出技術で差が出るため、大会では特にこの3項目が重視されているのです。

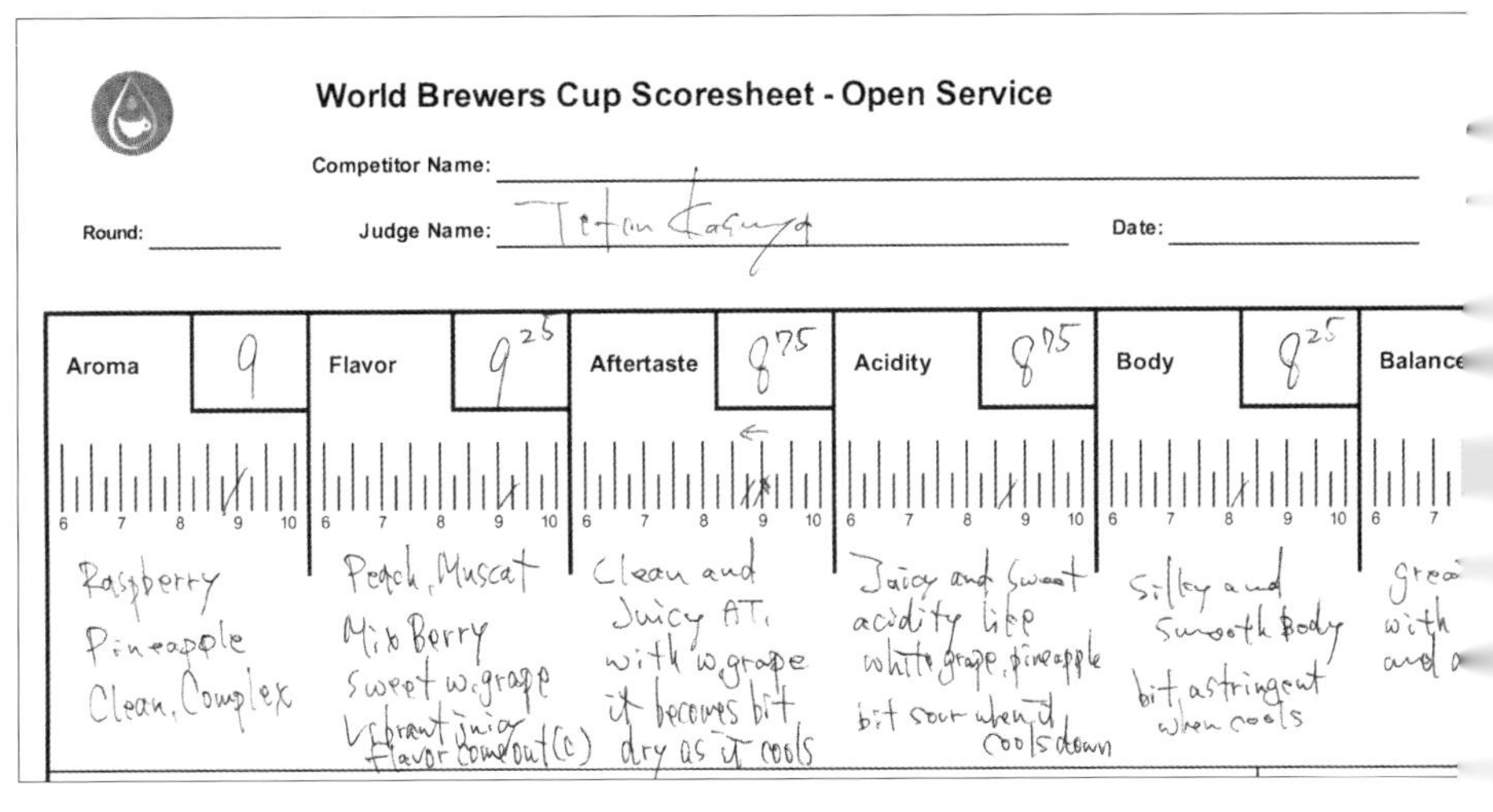

Column 3

産地で感じたこと

僕が初めて生産地に行ったのは2014年3月。バリスタになって半年後くらいのことです。コーヒーファクトリーのマスターらが、コーヒー商社の買い付けツアーに参加することになり、「僕も自費でいいから連れて行ってほしい」と申し出ました。

グアテマラやホンジュラスに行き、現地の人が大変な思いをしてコーヒーを生産していることを知りました。例えば、コーヒーチェリーを収穫したら、30～40キロを袋に詰めて1日に何往復もします。僕も持ってみたけど、本当に重くて重くて……。

それでも賃金は、1日千円くらいのこともあるそう。チェリーの買い取り価格は重さで決まるため、未熟なものが混ざることがあるのも仕方がない面もあると思いました。

産地に行って、現場を知ったことで、「コーヒーは安く取り扱われすぎているのではないか」「僕らが産地の現実や、コーヒーの魅力をもっと伝えないといけないのではないか」と強く思うようになりました。

独立してからは定期的に産地に通っており、取り引きが始まった農園もあります。僕は、「出来がいい年は買うけど、そうではない年は買わない」ということはしたくありません。

扱う豆は簡単には増やせないため、買う時は覚悟がいりますが、「必ず毎年、一定量を買う」と思える人たちと付き合いたいと思っています。

　だから、フィロコフィアで扱っている豆の生産者は、一緒にいて居心地が良く、「美味しいコーヒーをつくりたい」という熱意を感じた人たちばかり。

　２０１９年からは「友達（TOMODACHI）プロジェクト」を始めました。生産者と消費者がつながろうという試みです。エチオピアの小規模農家とスタートし、その後、ケニア、コスタリカ、エクアドルを加えた4カ国に増えました。みんな、いい豆をつくっている生産者たちで、生産処理方法を一緒に追求するなどして世界一美味しいコーヒーを目指しています。

　消費者には「今年の友達は、去年とここが違うね」などと楽しんでもらい、長い付き合いができるとうれしいです。実際、毎年買ってくれる方も増えていて、今後もプロジェクトを広げていきたいです。

Chapter 4

4：6メソッドをアレンジして好みの味に近づけよう

ドリップレシピの7要素

第1章では4：6メソッドの基本を紹介しました。本章では、抽出レシピをアレンジする際、何をどのように考え、どうアプローチすればいいのか、紹介していきます。

抽出レシピにおいて、抽出効率や濃度、味わいに影響する要素は主に7つあります。挽き目、湯温、ドリッパー内の流速、攪拌、抽出時間、粉量、湯量です。

抽出効率への影響が大きいのは挽き目、湯温、ドリッパー内の流速、攪拌です。濃度感への影響が大きいのは、抽出時間、粉量、湯量となります。

「ドリッパー内の流速」や「攪拌」は、やや難しいかもしれませんね。ドリッパー内の流速は形状で決まる部分も大きいですが（P47参照）、お湯の注ぎ方でも変わります。抽出の途中でも調整可能なので、マスターすると選択肢が格段に増えますよ。攪拌は、お湯と粉との接触を促すための作業で、勢いよくお湯を注ぐほか、ドリッパーを揺すったり、粉をスプーンでかき混ぜたりする方法もあります。

この7つを調整し、それらを組み合わせることで、レシピは無限に作成できるのです。

ただし、一度に色々な要素を変えてしまうと、どれによって味が変ったのか分かりにくくなります。味わいへの影響が大きいのは挽き目なので（P62参照）、まずは、挽き目を考えるのがオススメです。

例えば、「もっと甘くしたい」「もっと濃くしたい」と思ったら、挽き目を細かくして抽出効率を上げ、さらに湯温を高めても。ただ、それでどっしりしすぎたら、注ぎ方を変えてドリッパーの流速を弱めたり、抽出時間を短くしたり、というようにアプローチしていくといいでしょう。

ドリップレシピの7要素

低	抽出効率	高
粗	挽き目	細
低	湯温	高
弱	ドリッパー内の流速	強
少	攪拌	多

スッキリ	濃度感	どっしり
短	抽出時間	長
少	粉量	多
多	湯量	少

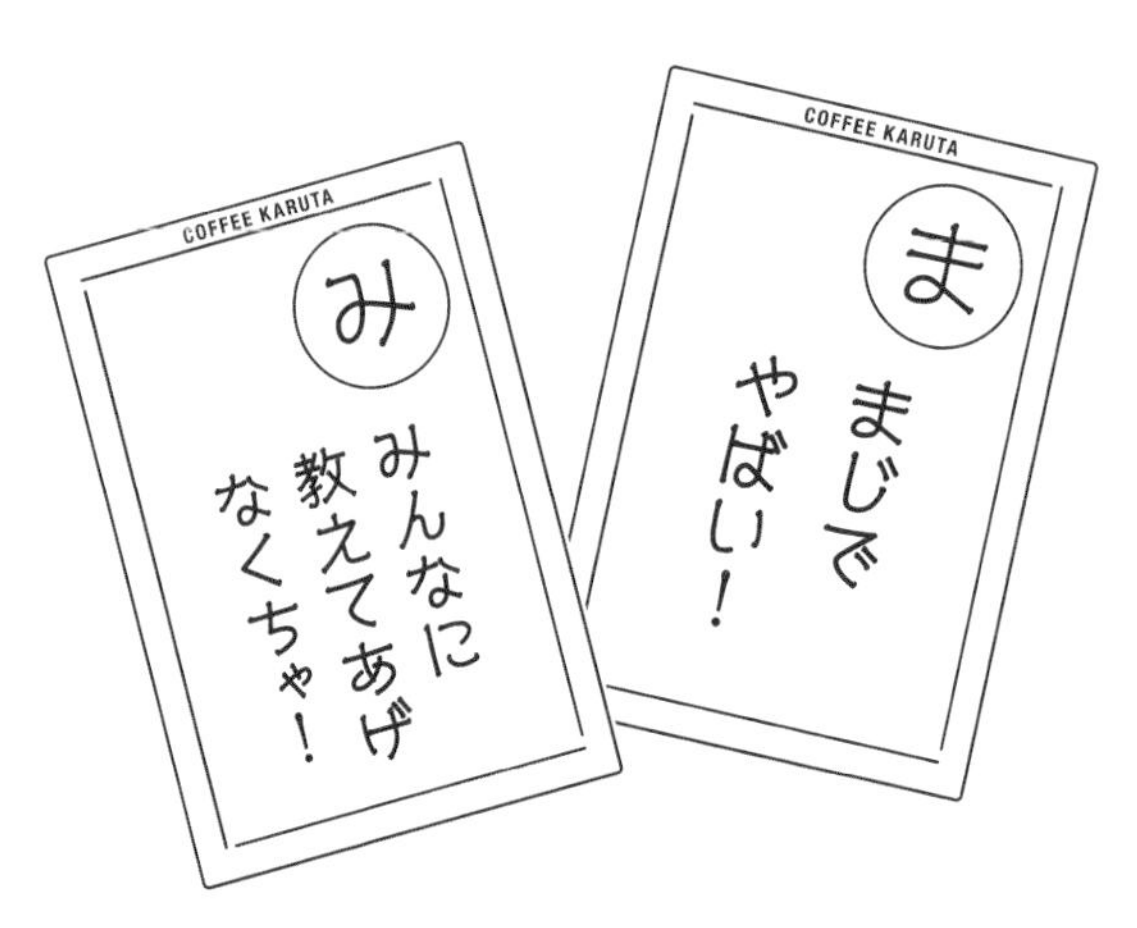

02

なぜ店や本によってレシピが異なるのか

店によって、本によって異なる抽出レシピを知り、迷ったり、悩んだりした経験はありませんか？僕はコーヒーを始めた頃、何度も戸惑い、悩みました。

ただ、「抽出効率」に注目すると、腑に落ちたのです。

前ページで示したように、7要素を変えると抽出効率は変わります。同じような味を目指していても、レシピはいくらでも作成可能。また、レシピをつくる人により、目指す味や好みの味が異なるケースもあるでしょう。

ですので、これが正解、あれはダメではなく、「こういう考え方もある」「こういう方法もある」と受け止めて取捨選択し、自分のレシピをブラッシュアップしていくのがいいと思います。

僕は、コーヒーの抽出を下図のようなイメージで捉えています。これは、優勝した時のＪＢｒＣ決勝のプレゼンで使用したイラストです。

コーヒーの抽出を始めると、美味しい成分が出てきますが、途中から美味しくない成分も出てきます。目標は、美味しい成分のみを十分に引き出す「適正抽出」。そ

コーヒー抽出のイメージ図

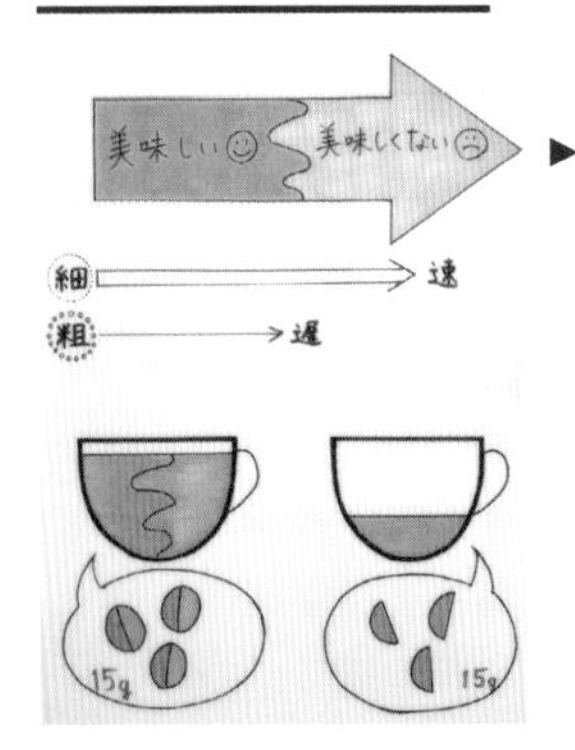

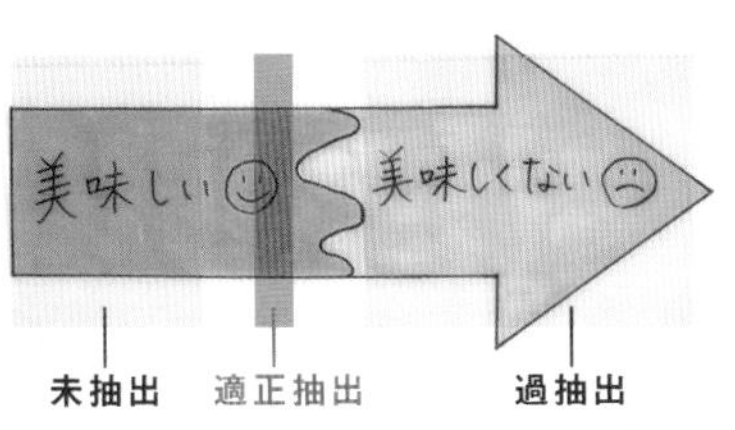

ハンドドリップのキモは、美味しい成分を十分に引き出すこと。ただ、これが難しい。抽出不足の「未抽出」は他の成分に比べて酸味が突出しすぎてしまい、抽出しすぎの「過抽出」はネガティブな成分まで引き出してしまう。

れを意識して、レシピやプレゼンを組み立てました。

またイラストは、挽き目によって抽出効率が変わり、美味しくない成分が出てくるまでのスピードが変わることも示しています。

抽出効率が高い細挽きだと、ネガティブな成分が抽出の終盤で出てきやすいですが、粗挽きだとその前に抽出を終えられるケースが増えます。そのため、僕は「粗め」を強く勧めているのです。

レシピは、使う豆の種類や状態によっても調整するのがオススメ。高品質のものとそうではないものでは、美味しい成分と美味しくない成分の比率が変わってきます。飲み頃のものと、劣化してしまったものでも同様です。

抽出効率に影響を与える要素

1. 挽き目
2. 湯温
3. 抽出時間
4. ドリッパーの流速
5. 攪拌
6. 粉量
7. 湯量

組み合わせ（レシピ）に
正解・不正解はない！

4：6メソッドの調整例

1 湯量を変える—— 1、2投目

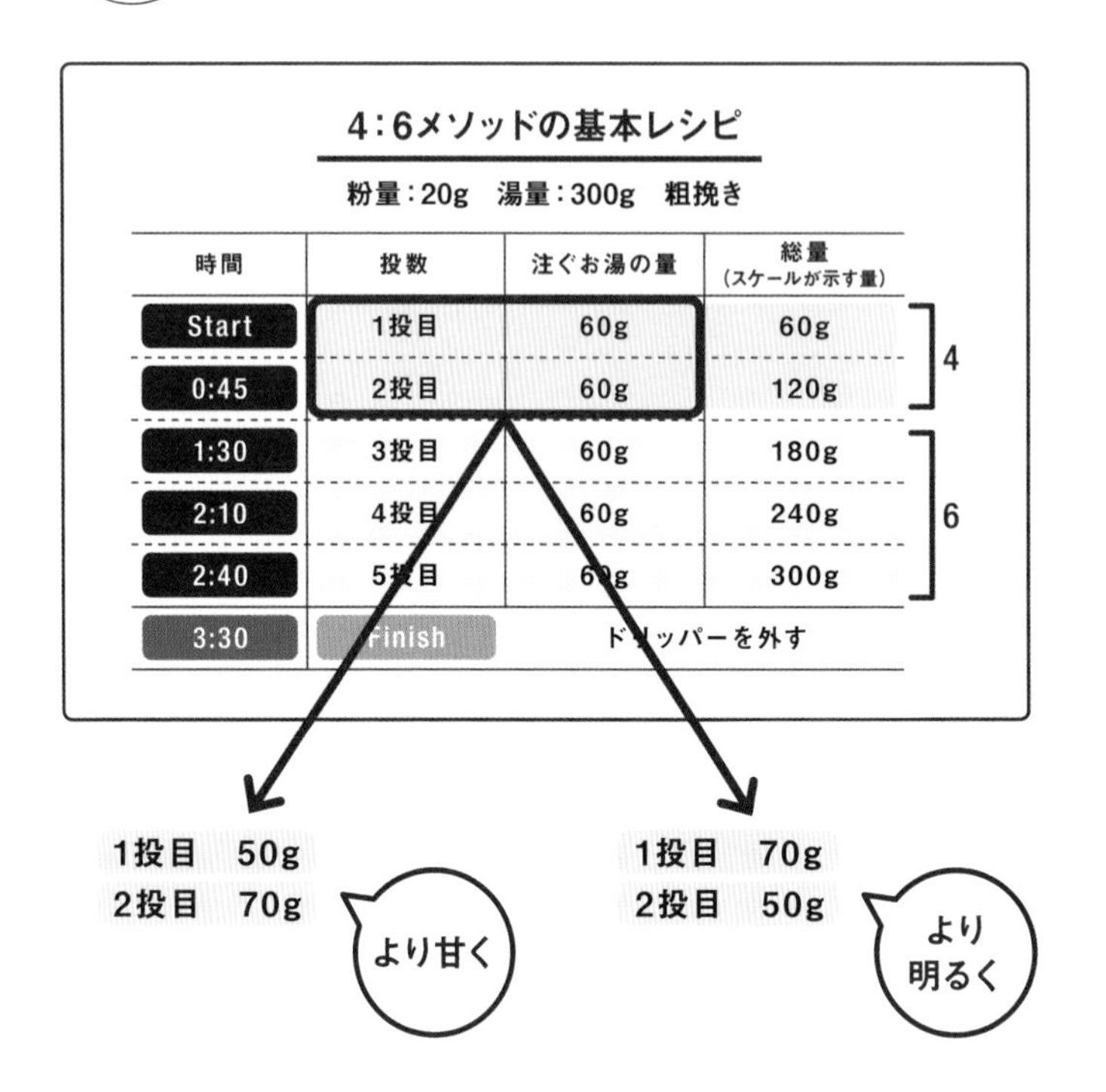

4：6メソッドの基本レシピ

粉量：20g　湯量：300g　粗挽き

時間	投数	注ぐお湯の量	総量（スケールが示す量）	
Start	1投目	60g	60g	4
0:45	2投目	60g	120g	
1:30	3投目	60g	180g	6
2:10	4投目	60g	240g	
2:40	5投目	60g	300g	
3:30	Finish	ドリッパーを外す		

レシピアレンジの参考として、僕が考えた4：6メソッドの調整例を4パターン紹介しましょう。

まずは、1投目と2投目の湯量の調整。ざっくり言うと、最初に酸味が、次に甘さが出てきます。そのため、前半の2投の湯量を変えると、酸味と甘さのボリュームも変わります。

「1投目・70g＋2投目・50g」とすると、通常メソッドに比べて酸味を多く引き出すことができ、より明るくなりますよ。「1投目・50g＋2投目・70g」とすると、より甘く仕上げられます。

2 湯量を変える—— 5投すべて

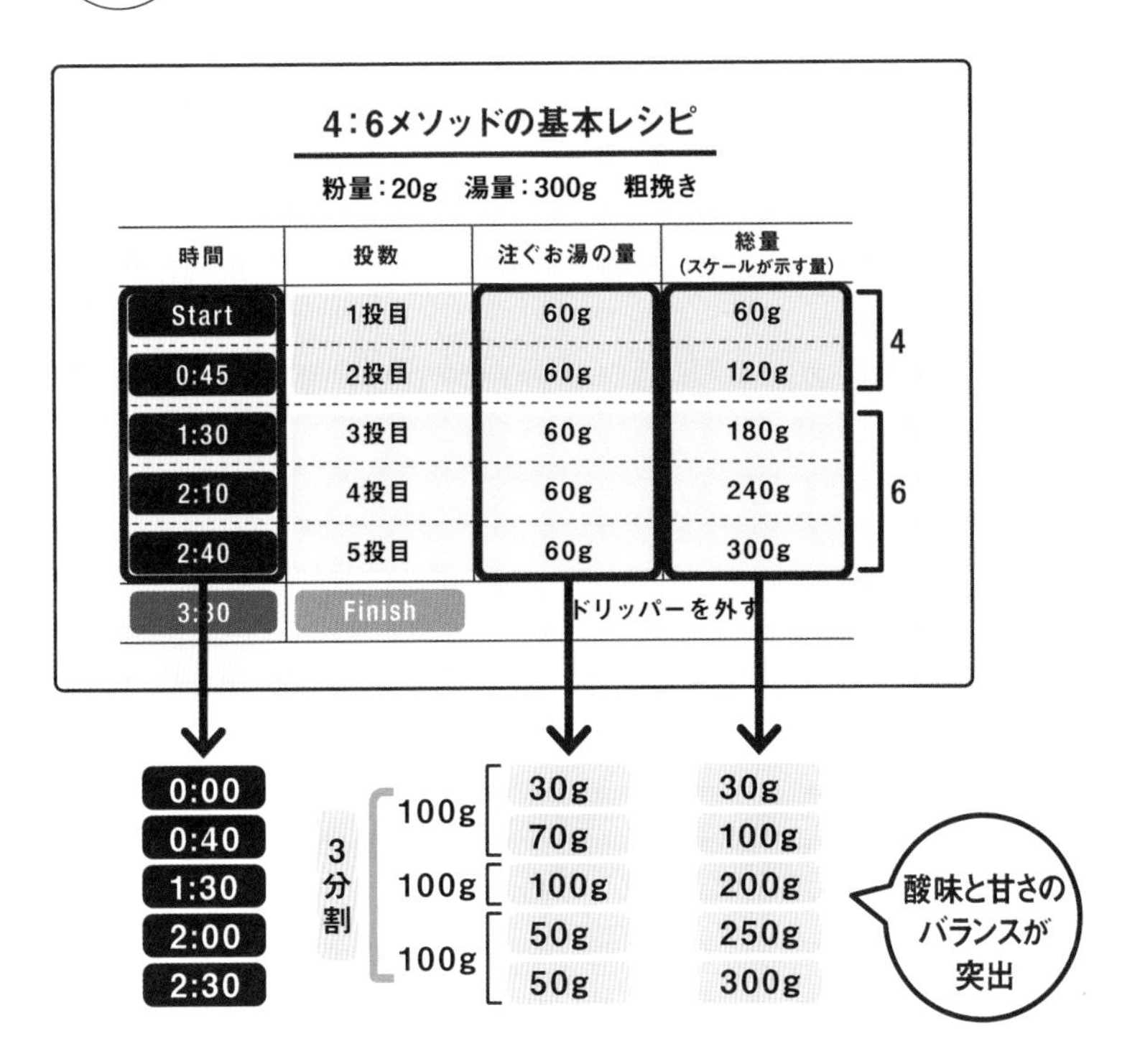

4：6メソッドの基本レシピ

粉量：20g　湯量：300g　粗挽き

時間	投数	注ぐお湯の量	総量（スケールが示す量）	
Start	1投目	60g	60g	4
0:45	2投目	60g	120g	
1:30	3投目	60g	180g	6
2:10	4投目	60g	240g	
2:40	5投目	60g	300g	
3:30	Finish	ドリッパーを外す		

次は、4：6メソッドをベースに考案した「3分割法」。酸味と甘さのバランスが非常に良くなる抽出方法です。

1投目の湯量を30gと通常の半分にして蒸らしだけを行い、2投目で70gを注いでさらに蒸らしを進めて抽出もします。こうすると、3投目でフレーバーを引き出しやすくなるので、100gを勢いよく注湯して一気に味を出します。

残りはバランス調整。50gを2回と、通常メソッドより量を減らすことで、濃度感がややおさえられ、総合的にバランスがいいコーヒーに仕上がります。

湯量を変えるだけで、コーヒーの味わいの主体となる酸味と甘さを調整できるのです。

③ 投数を変える―― 3投、4投に

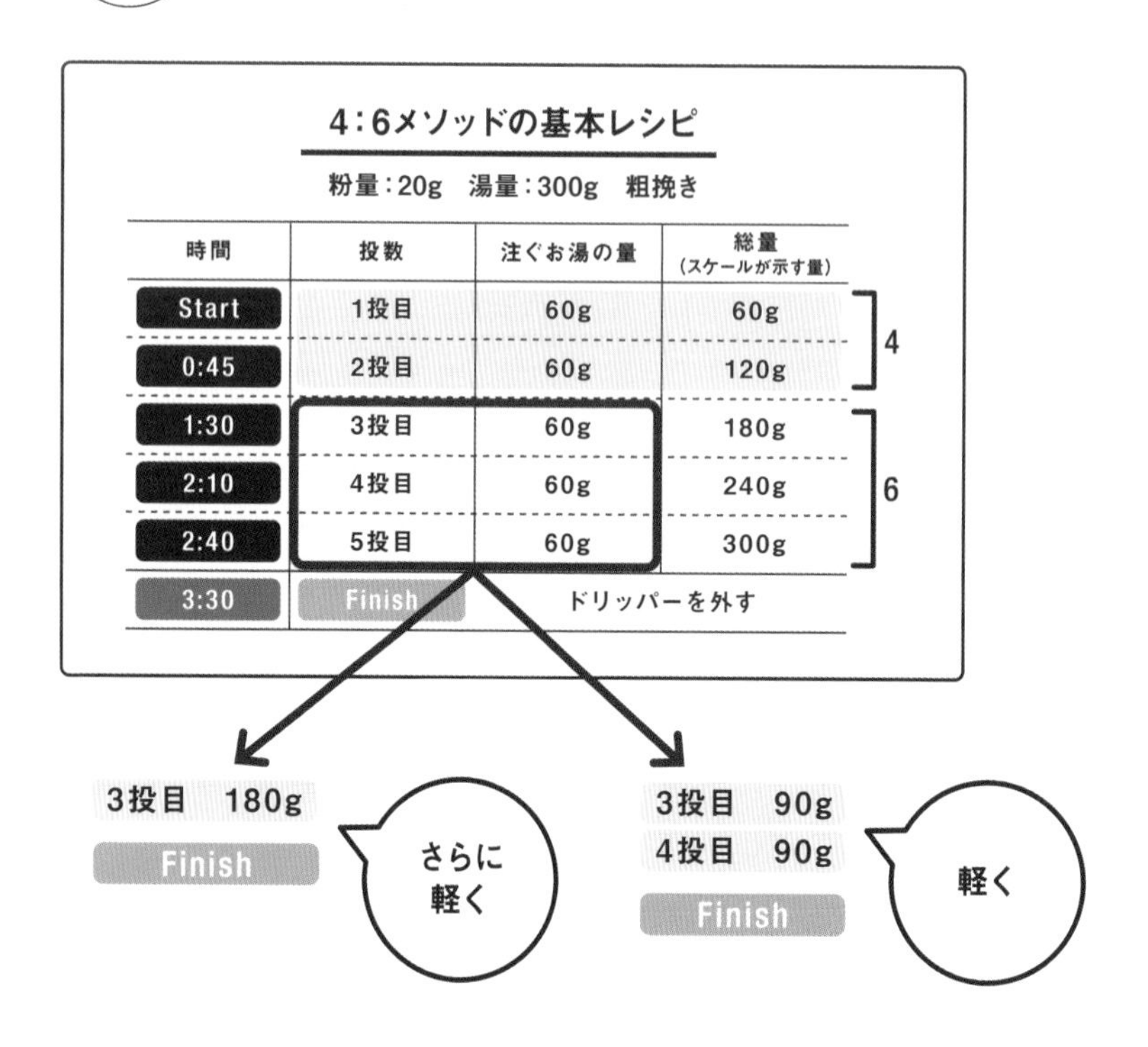

4：6メソッドの基本レシピ

粉量：20g　湯量：300g　粗挽き

時間	投数	注ぐお湯の量	総量（スケールが示す量）	
Start	1投目	60g	60g	4
0:45	2投目	60g	120g	
1:30	3投目	60g	180g	6
2:10	4投目	60g	240g	
2:40	5投目	60g	300g	
3:30	Finish	ドリッパーを外す		

4：6メソッドは5回注湯しますが、4投や3投など、投数を変える方法もあります。

後半の「6」を、60gずつ3回ではなく、2回にして90gずつにすると、通常メソッドよりも濃度感がおさえられるため、マイルドになります。180gと1回にすると、より濃度感がおさえられ、さらにマイルドに。

もしマイルドになりすぎてしまい、「もう少しだけ濃度感を出したいな」と思ったら、少しお湯の温度を高めたり、注湯後にドリッパーを揺すって攪拌したりと、別の要素で抽出効率を高めるのも手です。

4 投数を変える—— 1投のみ

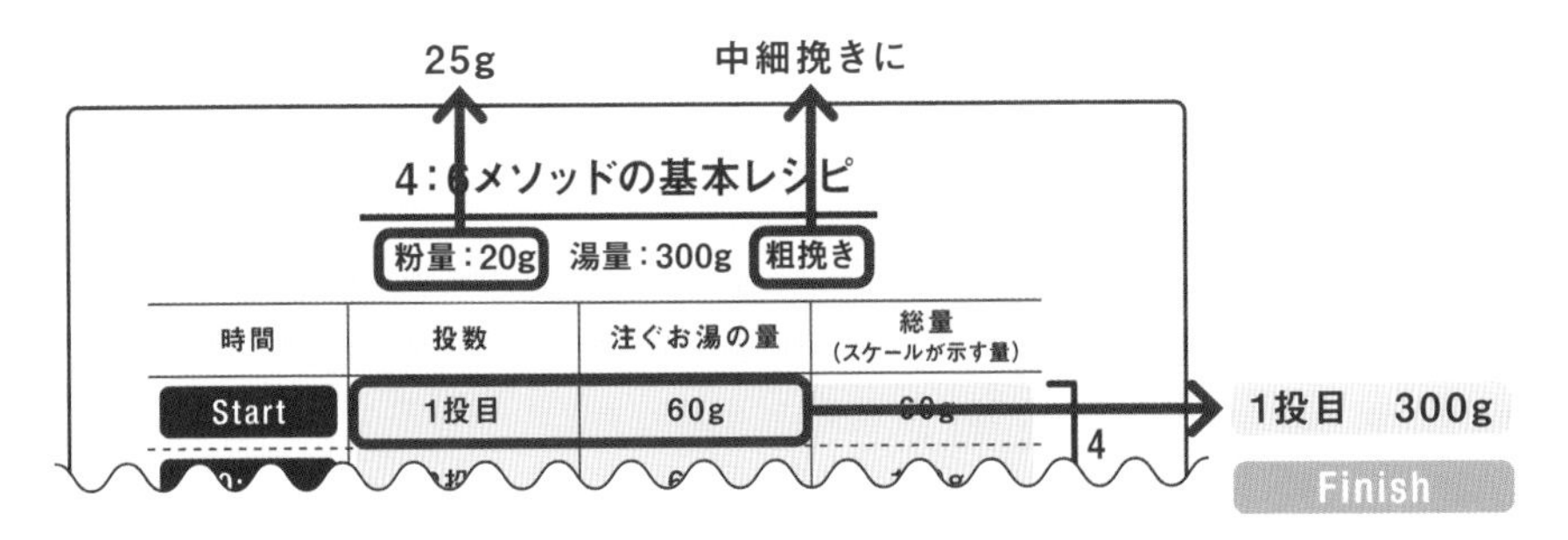

1 一気にお湯300g注ぐ

お湯全量を勢いよく、一気に注いでいく。15秒以内くらいで注ぎ終わるようにしよう。あとは、お湯が落ちていくのを待つだけでOK。

2 お湯が落ち切ったら完成

1分半前後で落ちるよう、挽き目を調整する。2分以上だと細かすぎ、1分弱だと粗すぎる。抽出後の粉の面は、通常メソッドだと平らになるが、1投式だと中心部がくぼんで土手ができる。

最後は超簡単。1回の注湯だけで淹れる「1投式」です。

お湯を一気に、全量注ぐだけ。蒸らしの時間がありませんが、抽出中に蒸らすイメージです。

このレシピは、焙煎中に思いつきました。僕自身、最初は「こんな方法でいいのかな」と半信半疑でしたが、やってみると、甘く、フレーバーも感じられるコーヒーに。簡単すぎるので、海外では「なまけもののレシピ」と呼ばれています（笑）。

調整点は、4：6メソッドでは粗めの粉で粉量の15倍のお湯を注ぎますが、1等式では中細挽きで12倍のお湯を注ぎます。5投を1投にするため抽出効率が落ちるのを、こうしてカバーします。

お湯の注ぎ方で抽出効率をコントロール

抽出効率は、お湯の注ぎ方でも調整できます。注ぎ方によってドリッパー内の流速が変わり、粉とお湯の触れ方が変わるからです。

まずは、お湯の太さ。太いとお湯が粉に勢いよく触れるために抽出効率が高くなり、細いとゆっくり触れるため低くなります。

ちなみに4：6メソッドでは、1投目はなるべく細いお湯をゆっくり注いで蒸らしを促し、2投目はやや太いお湯を早く注いで味を引き出すのがオススメ。3〜5投目は、その中間が目安です。

抽出効率は、お湯を注ぐ高さによっても変化します。高い位置から注ぐとお湯の勢いが増すため、抽出効率もアップ。逆に、粉に近い位置から注ぐと低下します。

お湯の注ぎ方は、2パターン覚えておくと便利です。基本は、ドリッパー内で円を描くように注ぐ「サークルプア」。少し抽出効率を低くしたい場合、中心部にお湯を注ぐ「センタープア」にすると湯通りが早くなり、抽出時間を早めることができます。粉を細く挽きすぎてお湯が抜けていかない時などは、途中からセンタープアにするのもいいです。

お湯の太さ

太い

抽出効率がアップする。成分を引き出したい2投目などで使おう。ただし、極端に太くするのはNG。

細い

粉に満遍なくお湯をかけたい1投目は、お湯を細くするのがオススメ。

お湯の高さ

高い

高い位置から注ぐと、お湯の勢いが強くなるので抽出効率が高まる。ただし、狙った場所にお湯を落としにくくなるのでコントロールが大事。

低い

粉に近づくほどお湯の勢いは弱まるので、抽出効率も低くなる。

お湯を注ぐ場所

センタープア

湯通りが早まる。成分を引き出しすぎた時など、少し抽出効率を下げたい場面で使うといい。

サークルプア

ハンドドリップは、サークルプアが基本。全体的に「細めのお湯を早く注ぐ」ことを意識したい。

こんなコーヒーはどう淹れる？

超いいコーヒー

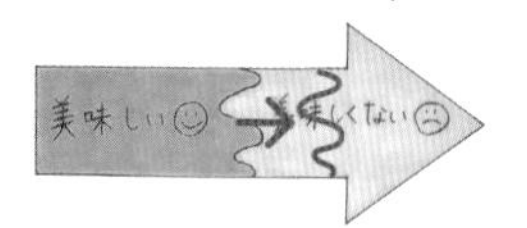

粉量：20g　湯量：340g
ブリューレシオ1：17で細挽きに

4：6メソッドの基本レシピ

粉量：20g　湯量：300g　粗挽き

時間	投数	注ぐお湯の量	総量（スケールが示す量）	
Start	1投目	60g	60g	4
0:45	2投目	60g	120g	
1:30	3投目	60g	180g	6
2:10	4投目	60g	240g	
2:40	5投目	60g	300g	
3:30	Finish	ドリッパーを外す		

・抽出時間を長くする
・湯温を上げる
・攪拌を多くする

ここまで紹介してきたことを生かし、ふたつの対象的なコーヒーのレシピを考えてみましょう。

まずは超いいコーヒー。高品質のものは、P116の矢印の「美味しい」と「美味しくない」の境界が、右に移動するイメージです。そのため、コーヒーの粉からより多くの成分を引き出し、抽出時間も延ばす方向で考えるといいでしょう。

例えば、コーヒーとお湯の比率である「ブリューレシオ」を通常レシピの1：15から1：17にし、より細挽きに。さらに湯温や攪拌などを調整するのもオススメです。

焙煎から日が経ったコーヒー

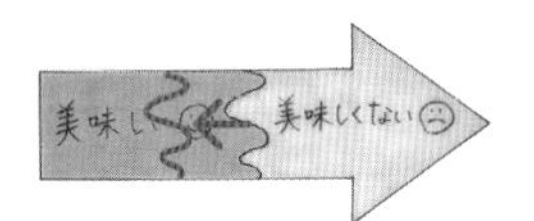

粉量：20g　湯量：240g
ブリューレシオ1：12でより粗めに

4：6メソッドの基本レシピ

粉量：20g　湯量：300g　粗挽き

時間	投数	注ぐお湯の量	総量（スケールが示す量）	
Start	1投目	60g	60g	4
0:45	2投目	60g	120g	
1:30	3投目	60g	180g	6
2:10	4投目	60g	240g	
2:40	5投目	60g	300g	
3:30	Finish	ドリッパーを外す		

- 抽出時間を短くする
- 蒸らしを短縮する
- 湯温を下げる
- センタープアにする

次に、焙煎から日が経って劣化したり、そこまで品質が良くなかったりするコーヒーのレシピも組み立ててみましょう。

P116の矢印の境界は、左に移動するイメージ。そのため、あまり成分を引き出さず、抽出を早く終える方向でレシピを考えてみてください。

例えば、ブリューレシオを1：12と通常レシピより多くの豆を使い、粗めに挽いて抽出はさっと終わらせます。湯温を下げて抽出効率を低くするのも手。

抽出開始後、さらに抽出効率を落としたければ、蒸らし時間を短縮し、センタープアにしてみるのもいいでしょう。

コーヒーの味を評価する指標

コーヒーの味に正解はなく、自分が「美味しい」と納得できるものを淹れられれば、それでいいと思います。ただ、味を客観的に数値で評価すると、再現性を高めるのに役立ちます。

僕のオススメは、ＴＤＳをはかること。ＴＤＳとは、コーヒー液に含まれているコーヒー成分の重量割合です。ＴＤＳ計という、水質検査などでも使われる機器で簡単に測定できます。目安としては、ＴＤＳ１・15〜１・35が適正抽出といえるでしょう。

ただ僕は、浅煎りだとちょっと濃い目の１・25〜１・35に、深煎りだとちょっと薄目の１・15〜１・25にしています。またＰ124で紹介したような超高品質な豆の時はもっと高くてもいいですし、逆にＰ125で紹介したようなイマイチな豆の時は、もっと低くしても。目指す味、豆の品質や状態によって調整するといいですよ。

コーヒーの味を評価する指標には「Ｂｒｉｘ（ブリックス）」もあります。Ｂｒｉｘは液体に含まれる糖分の重量割合で、概ねＢｒｉｘの０・８倍がＴＤＳ。フィロコフィアではＴＤＳを使っていますが、Ｂｒｉｘを使う店もあります。

さらに味を追求したくなったら、「収率」も判断材料にするといいでしょう。収率はコーヒーの成分をどれだけ引き出すことができたかを示す指標で、ＴＤＳとブリューレシオを掛け算した値。概ね18〜22％が適正抽出とされています。

$$\mathrm{TDS} = \frac{\text{コーヒー成分の重量}}{\text{コーヒー液の重量}} \times 100$$

TDS計が
あると便利！

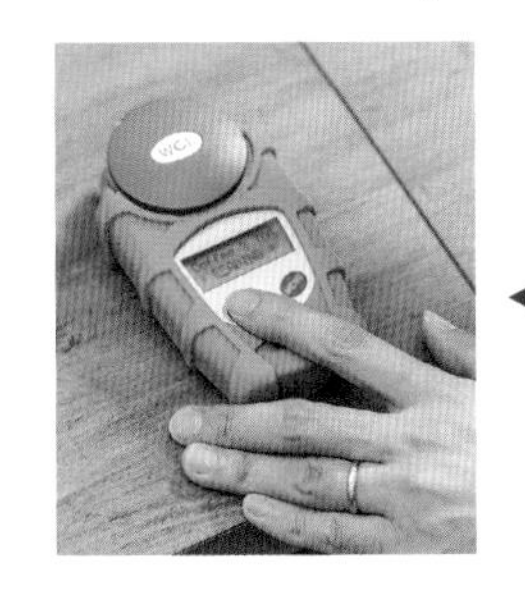

◀

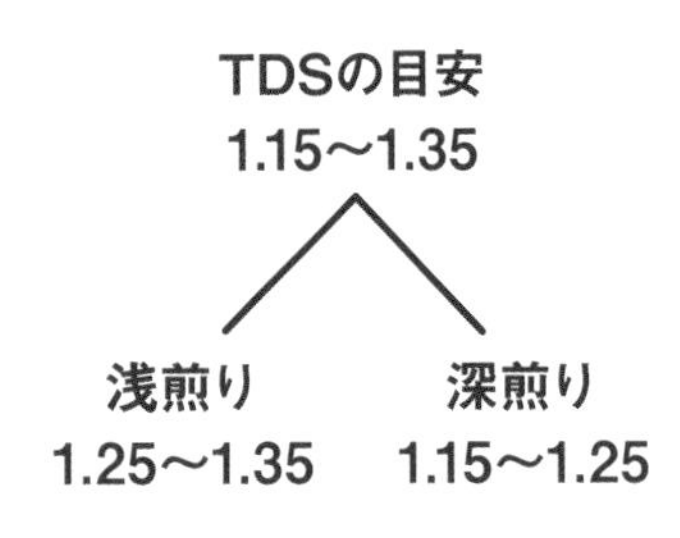

$$\mathrm{TDS} = \mathrm{Brix} \times 0.8$$

07

これでステップアップ!?
抽出ティップス

僕は、コーヒーは沼だと思っています。細かいことを意識するだけで、味わいや風味が変わってくるため、毎日飽きることなくコーヒーに向き合っています。

ここでは、僕がこれまでに蓄積してきた抽出ティップスを紹介します。皆さんも色々と試行錯誤して、自分なりに気付きをまとめていくといいですよ！

チャフを除去する

チャフとは、コーヒー豆の周囲の薄皮のこと。「シルバースキン」とも呼ばれる。渋みやえぐみの原因となり、これを除去するとスッキリした味わいになる。

チャフを分離する電動コーヒーミルもあるが、家庭では粉にしてから息を吹きかけたり、カメラ用のエアーポンプを使ったりして取り除くといい。

濃かったらお湯で割ればOK

抽出に失敗して濃くなってしまった場合、お湯で割れば大丈夫。エスプレッソをお湯で割る「アメリカーノ」のように、僕は濃い目に淹れてお湯で割るのがけっこう好き。

P54〜55のエアロプレスの抽出レシピも同様だ。

香りでコーヒーの状態をチェック

コーヒー豆を挽く前、挽いた後、1投目をかけた時……。僕は香りを頻繁にチェックしている。香りの質や強度は、どのようなコーヒーなのか、現在の状態はどうか、抽出がうまくいっているかなど、たくさんのことを教えてくれる。最初はよく分からないかもしれないが、経験あるのみ！

保水力でコーヒーの状態をチェック

いつもと同じように抽出しても、「コーヒーが保水しないな」と思ったら、劣化している可能性大。焙煎後2〜3カ月経って劣化したものは、保水力が落ちてくる。抽出効率も下がるので、P125で示したようにブリューレシオやお湯の注ぎ方などを調整しよう。少し細かく挽くのもオススメ。

エチオピアウォッシュドやルワンダはお湯が落ちにくい

これは僕の経験則だけど、エチオピアウォッシュドやルワンダはお湯が落ちにくいものが多い印象。通常レシピだと湯通りがやや悪くなるので、少し粗めにするといい。

このように、豆ごとの特徴を自分の中にどんどん蓄積していこう。

粉量によって
コンタクトタイムが変わる

粉の量を10g、20g、30g…と変えると、ドリッパー内の粉の高さも変化するので、粉とお湯が触れ合う「コンタクトタイム」も変わってくる。そのためブリューレシオが同じでも、コンタクトタイムが変わることによって、複雑味や濃度感も変化する。

抽出効率も変わるため、粉量を少なくする時は粉を少し細かくし、逆に多くする時はやや粗くするといい。

生産処理方法によっても
抽出効率が変わる

アナエロビック（P91）で生産処理したコーヒー豆は、圧力がかかっている。そのため、ナチュラル（P89）やウォッシュド（P90）に比べて細胞壁がやわらかくなるので抽出効率が高くなり、成分を引き出しやすくなる気がする。

水によってフレーバーが変化

抽出効率は使う水によっても変化し、フレーバーの出方も変わってくる。水に含まれているミネラル含有量が異なるからだ。水質の指標として一般的な「硬度」は、カルシウムとマグネシウムの含有量を示す。日本は硬度が低い「軟水」で、ヨーロッパは硬度が高い「硬水」。僕は、軟水だとやわらかい口あたりに、硬水だとどっしりとした味わいになりやすい印象がある。

ＪＢｒＣやＷＢｒＣでは、不純物が全くない「純水」にミネラルを加えるなど、こだわりの水を持ち込むバリスタが増えている。僕も大会に出場する際には20種類以上の天然水を試し、使う水を決めた。

粉±0.3gは許容範囲

ブリューレシオは守るべきではあるが、ガチガチに気にする必要まではない。±0.3gは許容範囲！気軽に楽しむことも大事。

ドリップ後半の湯温を下げる

P116で紹介したよう、ドリップの後半になると雑味が出やすくなる。そのため後半の湯温を70℃ぐらいにして抽出効率を極端に下げると、雑味のない美味しいコーヒーにしやすい。

お湯±4.5gは許容範囲

お湯の量は、4：6メソッドで粉20gであれば、5投とも60gちょうどにするのがベスト。ただ±4.5gまでなら、ずれてもOK。とはいえ最後はなるべく300gにしたい。

60℃以下のお湯もNG

深煎りのコーヒー豆や、品質がイマイチのものや劣化したものは湯温を下げることを勧めてきたが、60℃以下はNG。抽出力が弱すぎて、コーヒーの成分を引き出せなくなってしまう。

沸騰したてのお湯はNG

抽出効率を高めたい場合、湯温を上げることを勧めてきたが、沸騰したてのお湯は抽出力が強すぎるのでNG。ドリップケトルに移すなり、少し待つなりしたい。

08

ハンドピックで味をブラッシュアップ

コーヒーの味わいを損ねてしまう欠点豆を取り除くことを「ハンドピック」や「ハンドソーティング」といいます。これもとても大事な工程。コーヒー豆として販売される前にも何回か行われているのが一般的ですが、完全に選別するのは難しいので、混じっていることも。抽出前にも行うと、さらに美味しいコーヒーになるのです。

コーヒー豆の選別が最初に行われるのは、収穫時。P90でも触れましたが、生産処理を行う前に未熟だったり、熟れすぎたりしているコーヒーチェリーや、小石や枝などを取り除きます。さらに生豆にして出荷する前にも、砕けていたり、虫に食われたりしている欠点豆を選別します。

次は焙煎前。出荷時に見つけられなかったものや、流通段階で発酵しすぎたものを除去。焙煎後には、火が十分に入っていなかったり、逆に入りすぎたりしているものを取り除きます。

ここまでしていても、見逃されてしまうことがあるのが欠点豆。ほんの少し手間をかけるだけで味をブラッシュアップできるので、僕は普段、抽出前にもハンドピッ

クを行っています。

では、実際にハンドピックをやってみましょう。

まずはバットにコーヒー豆を投入。主に、形と色をチェックしたいので、白だと作業しやすいです。

真っ先に取り除きたいのは、焙煎が不十分なものや、焙煎しすぎの豆。これだけで味がぐっと整います。さらに貝殻豆など形がいびつなものも除去すると、よりクリーンな味わいになりますよ。

❶小さすぎる豆

極端に小さい豆は、挽いた時に粒度が揃いにくいし、微粉も発生しやすい。そうすると味を損ねる原因になってしまう。

❷焙煎が不十分な豆

色が薄いものは、火が十分に入っていない証拠。完熟していない未熟豆であり、含まれる糖分が不十分なため、焙煎も不十分になる。これは絶対に取り除きたい。

❸形がいびつな豆

外見が貝殻のような形をしている「貝殻豆」は、生育中に変形してしまったもので、焙煎ムラになりやすい。割れたものも同様なので選別しよう。

09

アイスコーヒーのオススメレシピ

夏の暑い時など、アイスコーヒーが飲みたくなる時ってありますよね。

アイスの定番は、ホットより濃く淹れたり、水出ししたり、という方法でしょうが、4：6メソッドはアイスにも使え、スッキリ美味しく仕上げられます。

レシピは、あらかじめサーバーに氷をセットし、ホット同様に淹れるだけ。ただ挽き目は、通常レシピよりやや細かい、中挽きがオススメです。3分ほどでお湯が落ち切るような粒度になるよう、調整してください。

ケニアやエチオピアなど酸味を

① ハンドドリップ

粉：20g　中挽き
お湯：150g
氷：80g

1 サーバーに氷をセット

サーバー内に氷80gをセット。冷凍庫の氷でもOKだが、オススメはコンビニやスーパーの氷。

2 4:6メソッドで抽出

4：6メソッドで抽出。ただし、お湯の総量は150gと半分にし、30gずつ5回注いでいく。

3 ドリッパーを攪拌

湯量が少なくなるので、1、2投目はドリッパーを攪拌してお湯と粉の接触を促すのがオススメ。

4 サーバーを回して氷を溶かす

3分ほどでお湯が落ち切ったら、サーバーをくるくる回す。氷を溶かせば出来上がり！

楽しみたければ、エアロプレスがイチ押し。第2章ではインバート方式を紹介しましたが（P54〜55）、アイスは一般的な方法で抽出するといいでしょう。

アイスコーヒーにはもうひとつ、とっておきの「氷コーヒー」があるのですが、これは抽出というよりも「楽しむ」レシピなので第5章で紹介します。

2 エアロプレス

粉：20g　中挽き
お湯：150g
氷：80g

1 お湯を注ぐ

氷80gを入れたサーバーにチャンバーをセットし、中挽きの粉20gを投入。お湯150gを注ぐ。

2 攪拌

お湯を注ぎ始めて約30秒たったら、パドルでしっかり丁寧に10回ほど攪拌する。

3 プランジャーを押してプレス

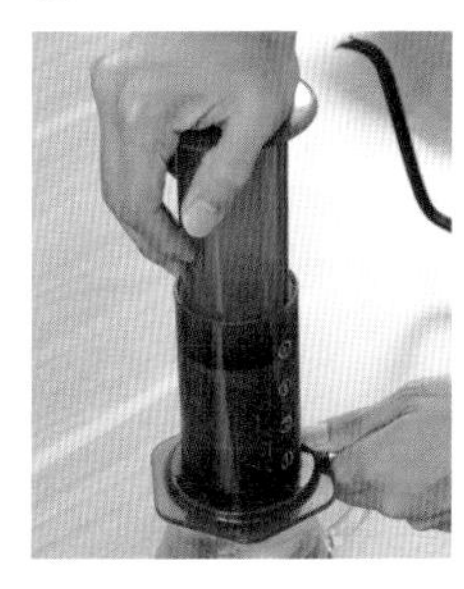

プランジャーをのせる。抽出開始から1分ほどたったら、約20秒かけてプレスする。

4 完成！

これで完成。サーバーをくるくる回して氷を溶かし、グラスにお好みで氷を入れても。

僕が「最高に美味い！」と思った3つのコーヒー

これまでに僕は、数え切れないほどたくさんのコーヒーを飲んできました。その中でも印象的で、「最高に美味い！」と思った3つのコーヒーを紹介します。

1　バリスタになりたての頃、店で出会ったコーヒー

コーヒーファクトリーでバリスタになりたての頃に出会い、衝撃を受けたコーヒーです。

当時は、店のマスターらと毎日のようにカッピングをしていました。ある日、いつものようにカッピングの準備をしていると、10種類以上の中でひとつ、ずば抜けていい香りがするものがありました。口に含んでみると、出会ったことのない素晴らしい味。COE1位になったことがあるグアテマラ「エル・インヘルト農園」のパカマラでした。

その後、多くのコーヒーに出会いましたが、あの時の衝撃を超えるものは滅多にありません。

2　WBrC2015の優勝者が淹れたコーヒー

JBrCで優勝した後、僕はWBrCで使うコーヒーを探し始めました。そして、生豆を扱うアメリカの会社「90＋（ナ

インティ・プラス)」のエチオピアの農園を訪れました。

そこには前年のWBrCチャンピオンも来ており、エチオピア在来種をHARIOのV60で淹れてくれました。これが衝撃。とてもフルーティーで、苦みが全くなくて。当時の日本は大会でも中煎り程度が主流で、初めての味に「このままでは100%負ける」と思いました。そこから僕は、世界大会に向けてのレシピをゼロから考え始めました。

これは、美味しいコーヒーを淹れるためには、美味しいコーヒーを知り、自分の中の「美味しい」をアップデートすることも大事だと実感させられた経験でもあります。

3 WBrCで僕が使った豆

エチオピアに続き、僕は90+のマイアミ本社を訪問しました。いくつかのコーヒーをカッピングさせてもらい、出会ったのがこれ。エレガントでクリーンなパナマのゲイシャで、酸味も甘さも、何もかも完璧。

「この豆を使って負けるはずがない」とまで思えたもので、実際に世界チャンピオンになることができました。思い出のコーヒーで、今も似ているものに出会うとうれしくなります。

Chapter 5

もっとコーヒーを楽しもう

01

うまく淹れられない時は、成長のチャンス！

「昨日は美味しく淹れられたのに、今日はイマイチ」と感じることもあるかもしれません。僕だって今もあります。

そんな時は、落ち込むのではなく、「成長のチャンス」と思ってみてはどうでしょう？　そうすれば、失敗したコーヒーを飲むのも悪くない、と思えませんか？　何が良くなかったのか、次はどうすればいいのか考える機会をもらったのですから。

僕は、うまく淹れられなかった時こそ、コーヒーの奥深さを感じます。「最高の一杯」を目指して

試行錯誤を続けることも、コーヒーの醍醐味だと思います。
またイマイチだった原因は、抽出ではなく、豆の変化である可能性も。酸の質が変わったり、甘さのボリュームが変化したり……。それは口にしないと気付けないことで、いい経験になるはずです。
どうしても不味ければ、牛乳や砂糖を入れて美味しく飲み、忘れてもOK。あまり固く考えず、気軽にコーヒーを楽しみましょう！

02

こんなコーヒーも楽しい！

僕はストレートコーヒーだけではなく、アレンジコーヒーも好きです。ここではオススメの４レシピを紹介します。

まずは氷出しコーヒー。ドリッパーにセットした粉の上に氷をのせて、待つだけ。超簡単で楽しいうえに、水出しよりも甘くてトロッとした、厚みのあるコーヒーになります。僕はこれを見ると「夏が来たな」と思います（笑）。

コツは焦らないこと。溶けるのに一晩ほどかかりますが、ゆっくり溶けていく過程も楽しんでもらえればうれしいです。

1 氷出しコーヒー

粉：50g　中粗挽き
氷：500g（目安）

1 粉の上に氷を乗せていく

ドリッパーの上に粉をセットし、氷をのせていく。目安は500gだが、可能なかぎりでOK。いかに無駄なく氷を敷き詰められるか、パズルのように楽しんでもらえれば。

2 水をかける

冷水100gをかける。氷と水の配合は変えてもOK（フィロコフィアでは、氷300g＋水300g）。

3 ひたすら待つ

あとはひたすら待つだけ。美しい見た目もこのレシピの魅力。

4 氷が溶け切るまで見守る

氷が完全に溶けるまで、一晩ほど。4：6メソッドと違って再現性はないが、一期一会の味を堪能して！

5 完成！

甘さと質感が抜群のコーヒーが完成。たとえイマイチの豆でも、この方法だと美味しくなるはず。

こんなコーヒーも楽しい！

次の3つは、フィロコフィアでも提供しているドリンク。

ミルクのかわりにオーツミルクを使う「オーツミルクブリュー」、炭酸やライムのさわやかさが特徴の「スパークリングコーヒー」、スパイスと炭酸を使う本格的な「クラフトコーラ」です。

いずれもコーヒーが苦手な人にも人気のメニューです。

2　オーツミルクブリュー

粉：45g　中粗挽き
オーツミルク：700g

1　だしパックに粉を入れる

だしパックに中粗挽きの粉45gを入れる。お茶パックでもOK。

2　容器に粉とオーツミルクを投入

お茶用のピッチャーなどに、粉とオーツミルク700gを入れる。

3　12時間寝かせる

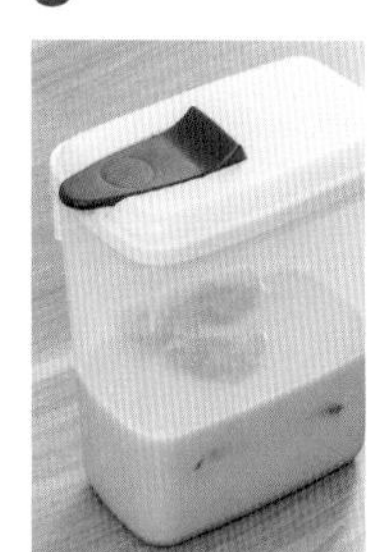

冷蔵庫に入れ、12時間寝かせる。

4　出来上がり！

これで完成。ふつうのミルクを使うより、なめらかな質感とチョコレートっぽい甘さになるのを楽しんで！ なお、原液は冷蔵庫で2〜3日は保存できる。

スパークリングコーヒー

粉：30g　中挽き
抽出量：90g　きび糖：20g
炭酸水：150g　ライム

1 ライムをカット

ライムを適当な大きさにカットする。普通サイズのものだと、8等分くらいが目安。

2 きび糖をセット

きび糖20gをサーバーにセット。白砂糖でもOKだが、黒糖だとより優しい甘さになる。糖分は、好みに合わせて増減しても。

3 コーヒーを抽出

粉30gを使い、コーヒー液90gを抽出する。ウォッシュドで中挽きがオススメ。抽出後はライムを一絞りする。原液は冷蔵保存で2〜3日はOK。

4 グラスに炭酸水を注ぐ

グラスにお好みで氷を入れ、炭酸水150gを注ぐ。

5 コーヒー液を注ぐ

グラスにコーヒー液45gを注ぐ。淹れたてだと泡がたちすぎるため、冷やしたものの方がオススメ。

6 ライムをのせる

ライムをサッと絞ってから、そっとのせれば出来上がり！

4 クラフトコーラ

1 オレンジとレモンをカット

オレンジとレモンをカット。ともに、半分は皮をむき、半分は皮を残すとちょうどいい。

2 スパイスを砕く

クローブとカルダモンを、スパイス用のミルを使ったり、叩いたりして砕く。

3 材料をびんに入れ、水を注ぐ

容器にコーヒーの粉、きび糖、オレンジ、レモンを入れ、最後に水を注ぐ。

4 低温調理器にセット

容器を、ひとまわり大きい容器に入れて水を張る。低温調理器をセットし、64℃に。

5 45分たったらかき混ぜる

45分たったら、一度ふたを開け、よくかき混ぜる。

6 1時間半たったら出来上がり

再び低温調理器にかけ、さらに45分たったら出来上がり。

粉：65g　細挽き　水：500g　炭酸水：100g　きび糖：65g
オレンジ　レモン　クローブ：1.8g　カルダモン：1.8g

7 ドリッパーでこす

材料をドリッパーでこしていく。少々時間がかかるが、焦らず待とう。

8 炭酸水を用意

グラスに氷を入れ、炭酸水100gを注ぐ。

9 完成した液体を注ぐ

完成した液体70gをグラスに注いでいく。4～5日ほど保存できる。

10 レモンを絞る

レモンを一絞りすると、さらにさわやかな味になる。

11 レモンの皮をのせて完成！

最後にレモンの皮をのせれば、見た目も味も完璧！

03

おうち焙煎

焙煎は味の大枠を決める、非常に複雑で、楽しい工程。僕はフィロコフィアの豆を焙煎していますが、その豆の長所や特徴をうまく引き出せると、本当にうれしくなります。

そんな焙煎を、市販の手網焙煎器で体験してみてはいかが。プロがきちんと焼き、エイジングしたもののようなクオリティは難しいでしょうが、五感で楽しめます。アウトドアでも盛り上がりますよ。

手網の注意点は、焼けムラができやすいこと。そのため、常に回転させながら、弱火でじっくり火

を入れていくといいでしょう。

生豆は緑色ですが、火が入るとオレンジ色に変わっていきます。さらに焼くと、だんだん茶色っぽく変化。こうなってきたら、いよいよ終盤です。中心部にもきちんと熱が届くよう、最後は火をさらに弱めて回転を早めましょう。

腕や肩は疲れますが、焙煎そのものも、漂ってくるいい香りも、楽しんでみてください。

焼き立てのコーヒーを淹れて飲む時間も格別ですよ！

COFFEE KARUTA

ろ ローテーション入り確定！

04

ペアリングで広がる味わい

プリン×ホットコーヒー

プリンは卵の甘さ、カラメルなど様々な味わいがあり、どんなコーヒーにも合う万能スイーツ。フルーティーな浅煎りだとスッキリと楽しめるし、深煎りだと苦味とカラメルが絶妙にマッチする。

コーヒーは、単体で飲んでも美味しいですが、スイーツとのペアリングもオススメ。それぞれがお互いを引き立てあい、味の世界が広がります。

コーヒーを選んでからスイーツを選ぶのもいいですし、逆もアリ。先にコーヒーを選ぶ場合、酸味がある浅煎りならばフルーツ系やチーズ系、苦味がある深煎りであればチョコレートなどがピッタリ。

僕はカフェに行くと、スイーツを決めてからコーヒーを選ぶことが多いです。しっかりしたやや重ためのスイーツであれば、浅煎り

チーズケーキ×アイスラテ

チーズケーキは乳製品の甘さも酸味もあり、これまたどんなコーヒーにも合う鉄板。ホットもいいが、ミルクの甘みとエスプレッソの苦味が特徴的なアイスラテだと、同じ味わいが含まれていて相性ピッタリ。

カヌレ×アイスコーヒー

酸味とビターさをあわせ持つチョコレートも、コーヒーとの相性は抜群。カカオに加えてベイクド感も楽しめるカヌレは、深煎りがイチ押し。とりわけアイスコーヒーだと、さわやかに楽しめる。

だとスッキリ味わえ、深煎りだと口の中をいい具合に洗い流してくれます。

定番の組み合わせだけではなく、意外なものが合う場合もあるので、自由にペアリングを楽しんでください!

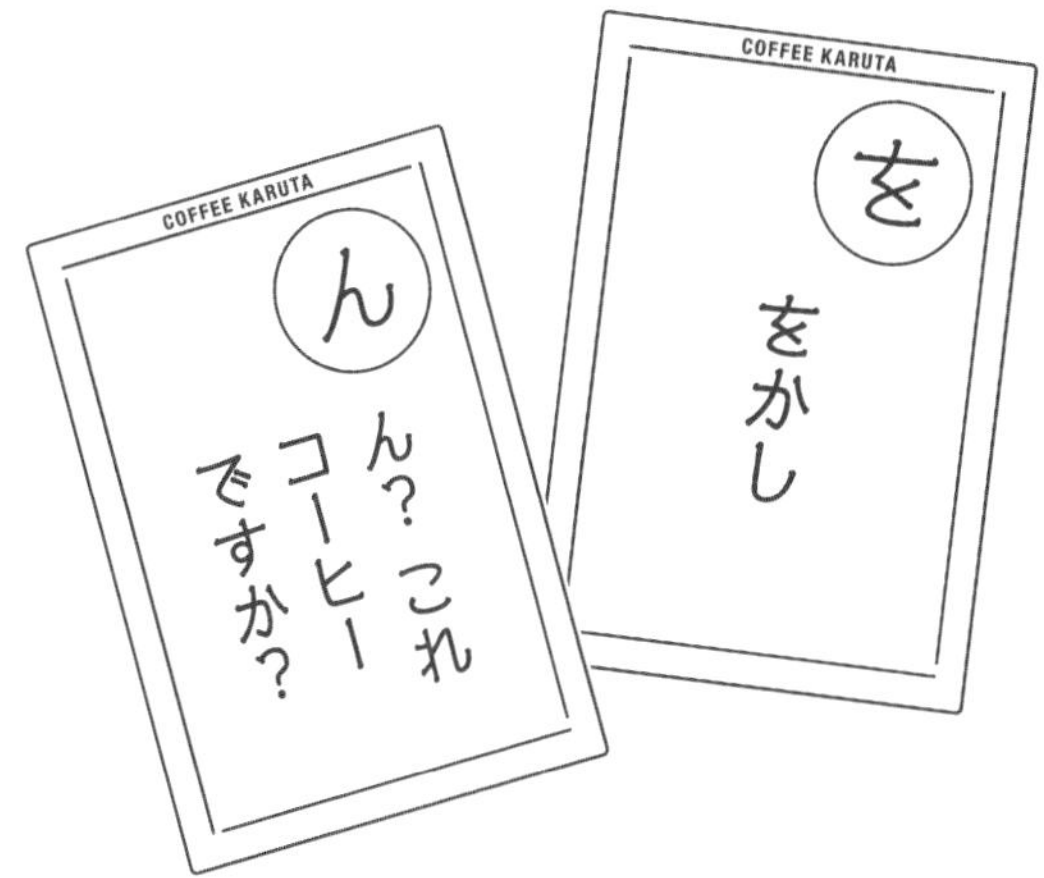

Column 5

「お店をやりたい」と思ったら

コーヒーでみんなを幸せにしたい——。これが、僕が思い描いていることで、そのためにしていることのひとつがフィロコフィアの経営です。

店名は、PHILOSOPHY（哲学すること）とCOFFEA（コーヒーノキ）を組み合わせた言葉。コーヒー業界のあるべき姿や理想を考え、コーヒーノキが根を張るように、少しずつ花を咲かせられるように邁進していく、という思いを込めました。

立ち上げたのは、2017年11月。現在、千葉県船橋市内に2店舗、千葉県習志野市に1店舗を構えています。ただ、創業からしばらくはずっと赤字続きで、借金も膨らみました。今は軌道に乗り始めていますが、色々な苦労もしてきました。

読者の中には、コーヒーが好きすぎて、「お店をやりたい」という人もいるかもしれませんね。ですが、ちゃんと考えずに始めるのはオススメはしないです。本当に大変ですから。お店を始める場合、何のために何をしたいのか、最初にしっかり考えるべきだとも思います。

ちなみに、フィロコフィアのビジョンは「コーヒーのまわりに幸せしかない社会をつくる」で、ミッションは「あらゆるところに特別なコーヒー体験を届ける」。そのために、5つ

ENJOY COFFEE LIFE

の行動指針もつくりました。

1　理想から考える

まずは「こうしたい」「こうなりたい」と思い描く。フラットに物事を見て、ゼロベースでどうすべきかを考える。そうすればブレイクスルーできる。

2　他責NG

他人や環境のせいにしない。物事を自分事として捉える。

3　いい人であれ

嫌な奴にならない。間違ったことをしない。

4　圧倒的行動力

すぐやる、必ずやる、最後までやる。自分ですべてやるということではなく、チームワークも重視してゴールする。

5　無限成長

自分も会社も、昨日より成長できるよう、歩みをとめない。

色々といいましたが、様々なことを突き詰めて考え、それでも「お店をやりたい」と思ったら、思い切ってみてはいかがでしょう。すごく楽しいですから。僕が経験してきたように、厳しい一方で充実している世界が待っていますよ！

今回、本書を出版することになり、ずっと意識していたことがあります。

それは、世の中には色々な淹れ方があって、そのどれもが正しい、だからそれをつなぐことができたらいいな、ということです。

僕がコーヒーの世界に足を踏み入れた頃、「なんでこんなに、みんないってることが違うんだろう」と思いました。

この人はこうやって淹れているけど、あの人は違う。本によっても違う。

一体、誰が、何が正しいんだろう？


僕はまだまだ未熟で知らないことだらけですが、10年近くコーヒーに関わってきて、その答えが分かったような気がします。

それは、表面上の淹れ方が違っていても、やっていることは実はほぼ同じなんだということ。「美味しいコーヒーを淹れる」というゴールは一緒だけど、人によってそのアプローチが異なるだけなんだと思います。


本書では、「抽出効率」などの点から、「淹れ方は違っても、狙いは同じ」ということを説明してきたつもりです。

なかなか難しいチャレンジでしたが、本書がみなさんにとって、自分なりの抽出方法に辿りつくきっかけになれば幸いです。そして、コーヒーライフがより充実することを心から願っています。

最後に、僕が生意気にもこのような本を出せるようになれたのは、紛れもなくコーヒーファクトリーのおかげです。

今でもよくお邪魔し、ことあるごとに連絡をくれ、僕の大切な第2の故郷といえる存在です。全くのど素人だった自分をここまで育ててくれたマスター、おかあさん、ファクトリーのみんなに感謝します。

また、フィロコフィアで働いてくれているスタッフやお客様をはじめ、国内外の仲間やビジネスパートナー、家族、特にいつもそばで支えてくれる妻にも感謝しています。みんなのおかげで、僕は大好きなコーヒーの仕事を続けられています。

本当にありがとうございます。

粕谷 哲

コーヒー用語集

浅煎り
比較的明るい色で焙煎をストップしたコーヒー。スペシャルティコーヒーの場合、フルーツ由来の心地いい酸味を楽しむことができる。抽出するお湯の温度は93℃前後がオススメ。

アナエロビック
生産処理方法のひとつ。コーヒーチェリーをタンクに入れて密閉し、空気に触れさせずに嫌気性発酵させることで独特の風味や複雑味が生まれる。

アラビカ種
コーヒーノキの三大原種のひとつ。良質な酸味やフレーバーが含まれており、スペシャルティコーヒーはすべてアラビカ種。三大原種の残りふたつはカネフォラ種とリベリカ種。

粗挽き
コーヒー豆を比較的大きい粒にする挽き方のこと。雑味を出しにくく、クリーンな味わいにしやすいため、4：6メソッドでは粗挽きを推奨している。甘さを引き出しやすくもなる。

ウォッシュド
生産処理方法のひとつ。コーヒーチェリーの果肉を除去した後、水槽につけて発酵させる。水に漬けることでスッキリした味わいになるうえ、品種の特徴を感じやすくなる。

エアロプレス
器具内でコーヒーの粉とお湯を接触させ、圧力をかけて抽出する方法。比較的、誰でも簡単に美味しく淹れられる。きれいな酸味を出しやすく、特に浅煎りやアイスコーヒーにオススメ。

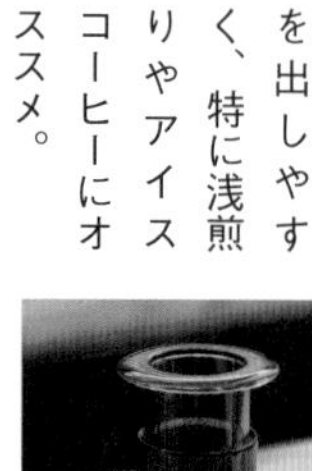

SCAJ
日本スペシャルティコーヒー協会（SPECIALTY COFFEE ASSOCIATION OF JAPAN）のことで、スペシャルティコーヒーを扱う企業やショップが加盟している。また、協会が主催する日本最大のコーヒーイベントの名称でもある。イベントには国内外のコーヒー企業が出店し、トークショーやコーヒーの大会なども開催される。コーヒーイベントは近年、全国各地で増えており、足を運んでみると面白いのでは。

カッピング
コーヒーをテイスティングし、品質や特徴などを評価すること。コーヒーを口の中で霧状に広がるようにすると、味や香り、フレーバーなどを感じやすくなる。一般参加できるカッピングを「パブリックカッピング」といい、スペシャルティコーヒーショップなどが行っている。

コーヒーベルト
赤道をはさむ北緯25°～南緯25°の地域。コーヒーノキ栽培の適地とされており、アフリカのエチオピアやケニア、中南米のグアテマラやブラジルなど人気の産地が集中している。

コーヒーミル

コーヒー豆を挽いて粉にする道具で、グラインダーとも呼ばれる。刃のつくりや素材などによってリーズナブルなものから高価なものまであるが、美味しいコーヒーを淹れるためには、こだわって高品質なものを選びたい。また金属の刃はさびることもあるので、定期的に手入れするのがオススメ。とはいえ毎日のように使っていれば、それほど神経質になる必要はない。

氷出しコーヒー

粕谷哲考案のアイスコーヒーの抽出レシピ。ドリッパーにセットした粉の上に氷をのせ、じっくり抽出する。甘くてトロッとした味わいになる。超簡単で楽しいのも魅力。レシピを紹介する動画は粕谷哲You Tubeチャンネルで最も人気で、再生回数は国内外で約23万回。

浸漬法

コーヒーの粉をお湯に浸して成分を引き出す抽出方法で、フレンチプレスやエアロプレスなどがある。一定の濃度に達すると成分の溶出はほぼ止まるため、誰が淹れても味を安定させやすい。

スペシャルティコーヒー

クリーンで、酸味や甘さを感じられるなど、高品質の美味しいコーヒー。トレーサビリティがきちんとしていることも必須。農園や生産者が明らかで、生産処理などの工程や流通段階でも徹底した品質管理が求められる。

生産処理

コーヒーチェリーから果肉やタネの周囲の成分を除去し、コーヒーの生豆にする工程。方法により、同じコーヒーでも風味が変わる。

中煎り

浅煎りと深煎りの中間の焙煎度合いのコーヒー。酸味と苦味のバランスがいい。抽出するお湯の温度は88℃前後がオススメ。

TDS

コーヒー液に含まれているコーヒー成分の重量割合のこと。専用機器で測定できる。適正抽出は1・15～1・35が目安。

ディップスタイルコーヒー

メッシュの袋の中にコーヒーの粉を入れたもので、ティーバッグのコーヒーバージョン。マグカップやタンブラーに漬けるだけで、手軽にコーヒーを抽出できる。浸漬式で淹れるイメージ。

透過法

コーヒーの粉にお湯をかけて成分を引き出す抽出方法で、ハンドドリップやネルドリップなどがある。抽出力が強く、成分を引き出しやすい。抽出の仕方によって味わいを変化させられる。

ドリッパー

ハンドドリップに使う器具。ペーパーフィルターをセットし、中にコーヒーの粉を入れて用いる。様々な形状、素材があり、近年は新商品の開発・販売が相次いでいる。

ドリップケトル

ハンドドリップに使う専用のケトル。お湯の注ぎ方によって、コーヒーのポテンシャルを引き出せることもあれば、イマイチな味わいになることも。注ぎ口が細く、手になじむものを選ぶといい。

ナチュラル

生産処理方法のひとつ。収穫したコーヒーチェリーを天日や機械で乾燥させる。乾燥している間に発酵し、甘みが強く、ユニークな風味になる。

生豆

焙煎前のコーヒー豆のこと。緑っぽい色をしているため、「グリーンビーンズ」とも呼ばれる。

ネルドリップ

布製のフィルターに粉を入れ、ゆっくり、少しずつお湯を注いで抽出する。質感があり、トロッとした味わいが特徴。

ハニー

生産処理方法のひとつで、ウォッシュドと同様の工程を行う。コーヒーチェリーのタネの周囲にあるミューシレージを完全に分解除去するウォッシュドと異なり、一部を残す。ミューシレージを残す量が少ないとウォッシュドに近い風味に、多いとナチュラルに近い風味になる。

ハンドドリップ

ドリッパーにペーパーフィルターをセットし、コーヒーの粉を入れてお湯を注ぐ抽出法。最も一般的なコーヒーの淹れ方といえ、抽出レシピによって味わいを自由に調整できる。

ハンドピック

コーヒーの味わいを損ねる欠点豆を取り除く工程のこと。お店に並ぶ前にも複数回行われていることが一般的だが、抽出前に自宅でも行うとさらに美味しいコーヒーになる。

深煎り

しっかりと火を入れたコーヒー。苦味や甘さを楽しめる。成分が出やすいので、抽出するお湯の温度は83℃前後がオススメ。

プライベートオークション

コーヒー農園が独自に行うコーヒー豆

のオークションのこと。コーヒー豆のオークションには、生産国で年に1回開かれるカップ・オブ・エクセレンス（COE）もあるが、近年はプライベートオークションの方が存在感が高まっている。

フレーバー

香り、酸味や甘さといった味わいなど、口に含んだ時にコーヒーから感じる総合的な印象のこと。抽出直後より、少し冷めた方が感知しやすい。フレーバーを表現する時は、フレーバーをまとめた「フレーバーホイール」が参考になる。

フレンチプレス

浸漬法の代表的な抽出方法で、誰でも簡単に淹れることができる。コーヒーオイルも含め、良くも悪くもその豆の持ち味全部を引き出す。なめらかな口あたりで、丸みのある味になる。

フロム・シード・トゥ・カップ (From Seed to Cup)

直訳すると「シード（タネ）からカップまで」。スペシャルティコーヒーのキーワードで、コーヒーの生産から飲むカップに至るまで、生産や流通、焙煎、抽出などの各工程で徹底した品質管理がなされていることが重要、ということを意味する。

ペーパーフィルター

ハンドドリップの際、ドリッパーにセットして使う。ペーパーフィルターを変えると、同じドリッパーを使ってもお湯の抜けが変わる。近年は素材、形状など新たな製品も生まれており、大会で注目を集めることも。

細挽き

コーヒー豆を比較的小さい粒にする挽き方のこと。コーヒーの成分をより引き出しやすくなり、特に酸味が際立つようになる。ただし、雑味やえぐみも出やすくなってしまうので、ハンドドリップ初心者やあまり品質が良くない豆を使う場合は注意が必要。

4：6メソッド

粕谷哲考案のハンドドリップの抽出方法で、誰でも簡単に美味しいコーヒーを淹れられるのが特徴。ポイントは、①粗めの粉を使うこと、②コーヒーの粉量やお湯の量、注ぐタイミングをきちんとはかること、③前半の40％のお湯で味を、後半の60％のお湯で濃度を調整すること。

ワールドブリュワーズカップ (World Brewers Cup)

コーヒーの抽出技術を競う世界大会で、2011年に開始。各国の優勝者が集まる。抽出器具は、ハンドドリップ、エアロプレス、ネルドリップなど自由だが、ハンドドリップを選ぶ人が大半。毎年のように新たな抽出方法が披露されている。

カバーデザイン　APRIL FOOL Inc.
本文デザイン　塚田佳奈（ME&MIRACO）
DTP　高八重子
撮影　布川航太
制作　中澤広美（株式会社KWC）
担当　伊東健太郎（技術評論社）

〈素材提供〉
日本スペシャルティコーヒー協会
Specialty Coffee Association
Cup of Excellence

粕谷 哲

1984年生まれ。茨城県美浦村出身。ITコンサルタントを経て、2013年バリスタに。2016年のWorld Brewers Cupで、独自のハンドドリップ方法「4:6メソッド®」を用いてアジア人として初めて優勝。現在はコーヒーカンパニー「Philocoffea」経営のほか、ファミリーマートやネスレ日本などの商品開発や製品プロモーション、トップバリスタ育成、YouTuberなど幅広く活動をしている。

「4:6メソッド」は、著者が代表を務める株式会社「コーヒーのあるところ」が商標登録しています。

誰でも簡単！
世界一の4：6メソッドでハマる
美味しいコーヒー

2023年5月 2 日　初版　第1刷発行
2024年9月10日　初版　第6刷発行

著　者　粕谷 哲
発行者　片岡 巌
発行所　株式会社技術評論社
東京都新宿区市谷左内町21-13
電話　03-3513-6150　販売促進部
03-3513-6185　書籍編集部
印刷／製本　株式会社加藤文明社

定価はカバーに表示してあります。
本書の一部または全部を著作権法の定める範囲を超え、無断で複写、複製、転載あるいはファイルに落とすことを禁じます。

© コーヒーのあるところ、KWC

造本には細心の注意を払っておりますが、万一、乱丁（ページの乱れ）や落丁（ページの抜け）がございましたら、小社販売促進部までお送りください。送料小社負担にてお取り替えいたします。

ISBN978-4-297-13403-7 C0077
Printed in Japan

お問い合わせに関しまして

本書に関するご質問については、下記宛先へFAXか、もしくは弊社ウェブサイトから、必ず該当ページを明記のうえお送りください。電話によるご質問および本書の内容と関係のないご質問につきましては、お答えできかねます。あらかじめご了承の上、お問い合わせください。
なお、ご質問の際に記載いただいた個人情報は質問の返答以外の目的には使用いたしません。また、質問の返答後は速やかに削除させていただきます。

●宛先
〒162-0846　東京都新宿区市谷左内町21-13
株式会社技術評論社　書籍編集部
「世界一の4：6メソッドでハマる
美味しいコーヒー」係

●FAX：03-3513-6181

●技術評論社Webサイト
https://book.gihyo.jp/116/